말씀 보화
(주제별 핵심 요약 설교)

1판 인쇄일 2025년 11월 10일
1쇄 발행일 2025년 11월 15일

지은이 _ 김명호
펴낸이 _ 한치호
펴낸곳 _ 종려가지
등 록 _ 제311- 2014000013호(2014. 3. 21)
주 소 _ 서울특별시 은평구 은평로 14길 9 - 5
전 화 _ 02. 359. 9657
디자인 _ 표지 이순옥/ 내지 구본일
제작대행 - 세줄기획/ 전화 02. 2265. 3749
영업대행 _ 두돌비(02.964.6993)

값 20,000 원

ISBN 979-11-995535-0-7

ⓒ 2025, 김명호 / 저자 연락처 010-8411-0191

잘못 만들어진 책은 구입하신 서점에서 바꾸어 드립니다. 책의 주문 및 영업에 대한
문의는 영업대행으로 해주십시오. 문서사역에 대한 질문은 010. 3738. 5307로 해주십시오.

말씀보화

주제별 핵심요약 설교

야암 김평호 목사

문서사역
종|려|가|지

추천사 1

　존경하는 김평호 목사님께서 주제별 설교집, 『말씀보화』(핵심요약설교)를 펴내어 세상에 내놓으신 것을 축하드립니다.
　십년이면 강산이 변하는데, 목회 40년의 성역을 이루어 오시면서 주님의 강단에서 선포하셨던 말씀을 책자에 담아 복음의 전파를 재창조하시는 열정에 높게 찬양을 드립니다.
　한 편의 설교는 거저 나오지 않습니다. 한 마디의 말씀을 위하여 금식을 하며, 기도를 하고 눈물을 쏟아내어서 작성된 원고를 들고 강단에서는 구령열에 불타는 외침으로 전해야 했던 설교였을 것이라 생각합니다. 이제, 강단의 언어로 선포했던 외침을 책에 담아 전하려는 그 수고를 하나님께서 기뻐하시리라 확신합니다.
　이 책에 수록된 설교는 주제별 핵심요약으로 목회현장에서 설교를 준비하는 시간에 크게 유익하리라 여깁니다. 여기에 수록된 한 주제의 말씀 그리고 한 구절에서도 그 자체로 하나님의 음성을 들음을 경험하게 될 것입니다.
　'말씀보화'는 김 목사님께서 준비한 것입니다. 누구라도 이 책을 대하는 자들은 말씀보화의 은혜를 받아 누리시라 확신하며 감사를 전합니다.

2025년 9월 9일,
조치원장로교회 원로, 박복수 목사

추천사 2

존경하는 김평호 목사님과 저는 복음의 동역자로서 복음의 교제를 누려온 지 25년의 세월이 흘렀습니다. 저는 건강상의 이유로, 잠시 휴식과 재기의 시간을 갖고 있는데, 귀한 종으로 여기는 김 목사님으로부터 설교집을 출판하게 되셨다는 말씀을 듣게 되었습니다.

'그래, 역시 다르시구나.'

많은 시간 동안에 부흥사역을 동역하였고, 한국교회의 부흥을 사모하시면서 헌신하셨던 모습을 보아왔던 저에게, 『말씀보화』라는 제목이 생기가 되어 주는 것을 경험하였습니다. 저의 마음에 쌓여지고, 묶여졌던 말씀들이 살아나고 풀어지면서 생기가 되어주었습니다.

엮으신 원고를 보여주시는데, 눈이 열리고, 마음이 뜨거워졌습니다. 『말씀보화』(주제별 핵심 요약설교), 이 책으로 말미암아 한국교회를 살리는 역사가 일어날 것을 기대합니다. 설교를 준비하는 자에게는 설교의 기초가 놓여지고, 기둥이 세워지기에 충분할 것에 대한 확신을 갖게 됩니다.

이어서, 이 한 권의 책들과 함께 앞으로 출판되는 설교집을 위해서 기도로 협력하기를 원합니다. 주님께서 보시기에 참 좋은 사역이 더욱 펼쳐지시기를 축복합니다.

개혁합동총회 증경회장, 세계명성교회 담임

가평기도원에서, 최남복 목사

머리말

샬롬! 어느덧, 목회를 섬기도록 하신 때부터 지나온 40여 년간은 주님의 은혜였습니다. 능력을 주셔서 세워 가시면서, 복음사역에 견고히 그리고 제한이 없이 사용해 주셨습니다. 두 손 들어 하나님을 경외하며 찬양을 올립니다.

성령님의 주저할 수 없는 강력한 강권에, 말씀으로 섬겼던 것을 책으로 엮게 되었습니다. 책의 제목도 『말씀보화』(주제별 핵심요약설교)라고 성령님께서 감동해 주셨습니다. 원고를 하나, 하나 살피면서 엮을 때, 두려움과 떨림이 있었습니다. 하나님의 은혜입니다.

하나님께서 말씀을 주셔서 목회를 섬겨왔습니다. 그동안에 강단에서 증거 했던 말씀들을 정리하여 주제별, 인물별, 사건별, 본문별로 구성하도록 하셨습니다. 그래서 제1편 『말씀보화』(주제별), 이어서 둘째 책으로 제2편 『말씀보화』(인물별), 그리고 제3편 『말씀보화』(사건별), 제4편 『말씀보화』(본문별)를 오직 기도하면서 준비하려 합니다.

먼저 제1편의 책으로, 주제별 핵심 요약설교를 엮었습니다. 설교의 흐름은 7단락으로 구성하였습니다. 이 책에 수록된 설교는 말씀을 전할 때, 저에게 강권적으로 진리가 폭포수처럼 쏟아진 내용들입니다. 이 말씀이 온 세계에 불길 같은 사역으로 선포되어지기를 기도합니다.

열두광주리축복기도원 성전에서, 김평호 목사

차 례

004 추천사1_ 박복수 목사
005 추천사2_ 최남복 목사

006 머리말

ㄱ

011 갈릴리로 가라
012 갇힌 자의 자유
013 감사하는 자
014 깨끗하면1
016 깨끗하면2
017 견고한
018 결부시키라
019 고난과 재앙 속에서
020 골짜기를 메우라
021 광야
022 꼭 기억하라
023 구하라
024 꿈을 이룬 요셉
025 그리스도 옷
026 근원
027 끝까지
028 기도는 섬김이다
029 기도의 거장:한나
030 기름 부으신 여호와
031 기적을 이루시는 주님의 두 번의 음성
033 기이한 법
034 기회
035 길을 열어주신 예수님

ㄴ

036 나는 누구인가
037 나를 세우시는 여호와
038 나에게 주어진 권세
039 날마다
040 내가 붙드는 종
041 너그러운 자
042 너는
043 너는 하나님과 화목하고 평안하라
044 네 발에서 신을 벗으라
045 높이시는 하나님1
046 높이시는 하나님2
047 높이시는 하나님3
048 눈에 비늘을 벗자
049 눈을 열어 보게 하소서

ㄷ

050 다스리시는 여호와 하나님
051 다윗의 승리
052 당당한 여인들
053 '… 더니' 신앙
054 더미
055 더하여 주시는 복
056 던지라
057 도리어 목을 빌라
058 도우시는 하나님
059 돌아보시는 은혜
060 돌아오라
061 동행
062 되리라
063 두 아들의 비밀
066 뜰에서 회복하는 자

7

067 디모데의 믿음
068 띠 띄우시는 하나님

ㅁ
---

069 마지막 때의 마땅한 사람
070 말씀대로
071 말씀이 육신이 되어 오신 예수님
072 말씀을 읽는 자세
073 맡기라
074 먼저
075 모세의 믿음
076 목마름
077 문안하라

ㅂ
---

078 바디매오의 믿음
079 바울 곁의 사람들
080 반드시1
081 반드시2
082 반석
084 번제
085 범사에 하나님을 인정하라1
086 범사에 인정하라2
087 법궤를 모신 다윗
088 병
089 보라
090 보리라!
091 보혈의 능력
092 복음
093 부르짖으라
094 부족함이 없게 하시는 하나님
096 비둘기
097 빈 것을 채우는 축복
098 비밀

ㅅ
---

099 사랑은
101 삭개오에게 들려주신 주님의 음성
102 살게 하소서
103 살아생전에 내가 여호와께
104 삼가 할 말
105 상수리나무
106 새 것
107 새롭게 하소서
108 서로
109 성경1
110 성경2
111 성령강림
113 성령의 능력
115 성령의 역사와 사탄의 전략 구별
116 성령 충만을 입으라
117 세우시는 하나님
118 소망
119 소원을 이루는 자
120 소유
121 손을 내밀라
122 수축하라
123 숯불을 피우자!
124 시온아 네 손을 늘어뜨리지 말라
125 시 23편, 여호와는 나의 목자시니
126 시 145편
127 신앙
129 심는 자에게 주시는 복
130 심히
131 십자가
133 십자가 가상칠언

ㅇ
---

135 아름다운 신부의 모습
136 아이 성의 승리

137 아직
138 아합 왕과 이세벨
140 어찌
141 엎드림
142 엠마오에서 예루살렘으로
143 여섯 명의 마리아
144 여호사밧의 신앙
145 여호와께 나아오라
146 여호와께서 나를 위하여 보상하여 주심
147 여호와는 내 편이시라
148 여호와는 너를 지키시는 이시라
151 여호와를 경외하는 자늘
153 여호와를 찾는 자
154 여호와 산에 오르신 예수님
155 여호와 하나님은
156 역전을 일으킨 신앙의 인물들
157 예레미야에게 임하신 말씀
158 예수께 (잡힌 자)
159 예수님의 교회
160 영광을 돌리게 하라
161 예수님은
162 예수님의 기도
163 예수님이 던지신 불
164 예수 안에 거하라
165 예수의 피 밖에 없네
167 오네시모의 변화
168 오늘부터
169 오직 주만 바라보나이다
170 오히려 자기를 비우신 예수님
172 옮겨 주신 예수님
173 왕 되신 주
174 왕이신 나의 하나님
176 욥의 신앙과 갑절 회복
177 우물 물(샘)아 솟아나라!
178 윤택
179 은밀한 곳에 숨기시는 하나님

180 은혜를 입는 자
181 이기는 자
182 이삭의 7대 축복
183 이제는
184 이제, 형통하게 하소서
186 인자로 오신 예수 그리스도
187 인정받는 자
188 일곱
189 일을 행하시는 여호와
190 임마누엘
192 입술

ㅈ

193 자리에서 일어나라!
194 자세하라
195 작은 자!
196 잠잠히 사랑하시는 전능자
197 재물을 얻는 자
198 전 도
200 전에는
201 쪼개짐
202 죄
203 죄 사함
204 죄악을 사하여 주시는 예수님
205 존귀한 자1
206 존귀한 자2
207 좁은 문
208 좋은
209 주님의 질문
210 주리라!
211 주시는 여호와 하나님1
212 주시는 여호와 하나님2
213 주 안에서
214 주옵소서
215 주의 음성을 듣는 자
216 지금은 여호와께 돌아가는 때

217 지키라
218 지키시는 여호와
221 지혜1
222 지혜2

ㅊ

223 천국을 소유하는 자

ㅋ

224 큰
225 큰 솥에 죽음의 독이 있나이다

ㅌ

226 틈을 기우게 하소서
227 띠 띄우시는 하나님

ㅍ

228 평강
229 풀어지리라
231 품위와 질서

ㅎ

232 하나님을 앞에 모시고 사는 자
233 하늘 문이 열리는 때
234 … 하라
235 하리라
236 함께 하시는 여호와
238 함께 하는 자
239 항상 기도하는 자
240 행하시는 하나님
241 형통1
243 형통2
244 회개하라 천국이 가까왔느니라
246 흉년 때 말씀에 결박
247 힘쓰라
248 하나님이시여
249 하나님이 편이 되어 주시는 자
250 하라!
251 합당한 자
252 항상

----

255 **5대 사역**

갈릴리로 가라(마28:10)

◉ **갈릴리로 가라고 말씀하신 부활의 예수님**(요21:1-9)

▶ 디베랴 호수: 분봉왕 헤롯왕이 당시에, 황제였던 디베랴에게 성읍을 지어 드리는 이름으로 하여 불린 이름
▶ 게네사렛: 수금 모양의 호수라서 붙여진 이름

1) 베드로의 허전함을 채우시는 변화의 자리(요21:3)
2) 우편에 그물을 던져라
   = 물고기 153마리를 잡는 기적을 체험하는 곳(요21:11)
3) 부활의 주님과 교제를 하는 곳
   = 숯불에 고기를 굽고 잡은 것을 내게로 가져오라(요21:10)
4) 새로운 고백을 이루는 곳
   = 네가 나를 사랑하느냐(요21:15)
5) 새로운 사명을 받는 곳
   = 아버지께서 나를 보내신 것같이 나도 너희를 보내노라(요20:21)
6) 성령을 보내시는 약속이 있는 곳
   = 숨을 내쉬며 성령을 받으라(요2022)

◆ 사람을 낚는 어부가 되라(마4:9)
   성령의 권능을 받아 땅 끝까지 이르러 내 증인이 되라(행1:8)

갇힌 자의 자유

◉주는 영이시니 주의 영이 계시는 곳에는 자유가 있느니라(고후3:17)

1) 요셉 감옥의 자유(창39:21)

2) 다니엘 사자굴의 자유(단6:22)

3) 아브라함 모리아산 결박의 자유(창22:14)

4) 요나 물고기 배 속에서의 자유(욘2:10)

5) 가난, 기근, 빚진 선지자 아내(골방)의 자유(왕하4:7)

6) 바울과 실라의 감옥에서(한밤중)의 자유(행16:25)

7) 바울의 배설물에서 자유(빌3:8)

감사하는 자

◉ 또 무엇을 하든지 말에나 일에나 다 주 예수의 이름으로 하고 그를 힘입어 하나님 아버지께 감사하라(골3:17)

1) 항상 감사(살전1:2, 엡5:20)

2) 범사에 감사(살전5:18)

3) 끊임없는 감사(살전2:13)

4) 전심으로 감사(시9:1)

5) 어느 모양으로나 어느 곳에서나 개선됨에 크게 감사(행24:3)

6) 도리어 감사하는 말을 하는 감사(엡5:4)

7) 기도를 계속하게 하심과 깨어 기도함에 감사(골4:2)

8) 생각할 때마다 감사(빌1:3)

9) 말할 수 없는 은사로 감사(고후9:15)

깨끗하면1

- 깨끗하게 하면 귀히 쓰는 그릇이 되어 거룩하고 주인의 쓰심에 합당하며 모든 선한 일에 준비함이 되리라(딤후2:21)
- 너희는 스스로 깨끗하게 하여 거룩할지어다 나는 너희의 하나님 여호와이니라(레20:7)

♠ 깨끗할 것

1) 피: 생명이 피에 있으므로(레17:11)
   = 모든 생물은 그 피가 생명과 일체라(레17:14)
   = 생명과 건강을 지키게 하여 주심
2) 영혼:
   = 진리 순종과 형제 사랑을 뜨겁게 마음으로 서로 사랑하게 하심
3) 마음 – 양심(히9:14, 10:22, 딤전3:9)
   = 하나님을 섬기게 하심
4) 손(약4:8, 삼하22:21)
   = 손이 깨끗한 자는 점점 힘을 얻느니라(시24:4)
5) 온 몸이:
   = 윤택함이 빛난 청옥 같게 하심(애4:2, 요13:10)
6) 입술이 깨끗(습3:9)
   = 여호와의 이름을 부르게 하심
7) 저울 추(미6:11)
   = 성도의 옳은 생활(계19:8)
   = 혼인 잔치에 청함을 받는 자로 경배하게 하심

♠ 깨끗게 하시는 주님

1) 오직 예수의 피로

    ① 모든 죄(요일1:17)

    ② 옛 죄(벧후1:9)

    ③ 죽은 양심(히9:14)

    ④ 모든 사람의 피(행20:26)

        = 깨끗케 하심

2) 말씀으로 씻는 자(엡5:28, 요15:3)

3) 주를 향한 소망을 갖는 자(요일3:3)

4) 진리 말씀에 순종하는 자(벧전1:22)

5) 예수께 나와 엎드려 꿇어 간구할 때(막1:40)

6) 연단을 통과할 때(말3:3)

7) 분노를 풀 때(겔24:13)

◆ 주를 깨끗한 마음으로 부르며 더욱 하나님을 가까이하며 성령의 능력으로

깨끗하면2

◆ 깨끗한 자에게는 주의 깨끗하심을 보이시며 사악한 자에게는 주의 거스르심을 보이시리이다(삼하22:21, 25, 27)

♠ 깨끗함을 따라 보이시고 갚으시는 여호와 앞에,
1) 깨끗한 양심으로 믿음의 비밀을 가진 자(딤전3:9)
   = 양심에 죽은 행실에서 깨끗(히9:14)

2) 깨끗하게 하여 주님 쓰기에 합당한 귀히 쓰는 그릇(딤후2:21)

3) 주님의 말로 깨끗해져 더 많은 열매를 맺는 가지(요15:2)

4) 상주심과 갚아 주심을 받는 깨끗한 손 힘을 얻는 두 마음을 품지 않는 손(시18:2-21, 욥17:9, 약4:8)

5) 입술의 깨끗함으로 여호와를 한 가지로 섬기는 자(습3:9)

6) 네 살이 회복되어 깨끗(왕하5:10, 14)

7) 믿음의 마음이 깨끗(행15:9)
   = 먼저 안을 깨끗하게 하사 겉도 깨끗(마23:26)
   = 깨끗한 자의 길은 곧 의니라(잠21:8)

견고한

1) 주를 신뢰하는 자에게 평강에 이르는 심지가 견고해지는 은혜(사26:3)

2) 충실한 제사장에게 견고한 집을 세우시는 축복(삼하2:35)

3) 부르짖을 때 뼈를 견고하게 하시어 물댄 동산 같게 하시는 축복(사58:1)

4) 인자하심을 바라고 찬송하는 자에게 문빗장을 견고히 하여 자녀에게 복을 경내에는 평안으로 이르시게 하는 은혜와 축복(시147:13)

5) 기다리고 기다려(기도하고 인내한) 끌어올리시고 발걸음을 반석 위에 견고케 하시는 은혜와 축복(시40:2)

6) 주의 기업(사역)이 궁핍할 때 흡족한 비를 보내사 주의 기업을 견고케 하여 주시는 은혜와 축복(시68:9)

7) 나를 기가 막힌 웅덩이와 수렁에서 끌어 올리시고 내 발을 반석 위에 두사 내 걸음을 견고하게 하셨도다(시40:2)

결부시키라 (히 4:1-2)

1) 말씀을 심령의 옥토에 결부시키라(생명)

2) 말씀을 믿음에 결부시키라

3) 말씀을 기도에 결부시키라

4) 말씀을 순종에 섬기는 일에 결부시키라
   ① 비로소 능력 주시는 자 안에서 모든 것을 할 수 있게 하여 주심
   ② 음부의 권세가 이기지 못하게 하여 주심
   ③ 반석 위에(예수 그리스도) 생명을 낳게 하시고 생명을 허락 하십니다(히4:1-2)

고난과 재앙 속에서

◉ **순전하고 정직하고 악에서 떠난 여호와를 경외한 욥**

1) 엎드려 찬송을 드렸음(욥1:21)
2) 어리석게 원망하지 않음(욥1:22), 입술로 범죄치 않음(욥2:10)
3) 말씀을 거역치 않음(욥6:10)
4) 믿음의 신앙고백을 드렸음(단련하신 후 정금같이 나옴, 23:10)
5) 기도를 잃지 않았음(욥42:10)
6) 하나님을 인정했음(욥42:2)
7) 회개와 용서와 축복의 기도를 드린 자였음(욥42:10)
   ① 전보다 갑절의 소유를 회복 받음(소산의 복), 자녀7+3 아름다운 딸
   ② 모든 자녀들에게 산업을 주는 (상속의 복)
   ③ 190세 이상 기한을 채우며 자손의 번성의 복을 누림(장수의 복)

◆ 주님께서 회복해 주십니다. 단련하심을 감사, 감사
◆ 문제 속에 던지고 계십니다. 이제는 순종입니다.

골짜기를 메우라(눅3:4~5)

1) 르비딤 골짜기(아말렉과 모세, 출17:8)

2) 소렉 골짜기(들릴라와 삼손, 삿16:4)

3) 아골 골짜기(탐심 아간과 아이성 실패, 수7:26)

4) 엘라 골짜기(골리앗과 다윗, 삼상17:2)

5) 브라가 골짜기(여호사밧과 모압, 암몬, 마온 연합군, 대하20:26)

6) 에스겔 골짜기(뼈와 말씀과 생기, 겔37:4)

7) 그랄 골짜기(그랄 목자와 이삭, 창26:19)

◆ 구원을 보리라!

광야

◉ **시내산에서 말하던 그 천사와 우리 조상들과 함께 광야 교회에 있었고**(행7:38)

♠ 광야
  = 통과해야 하는 곳
  = 하나님을 만나는 곳
  = 낮추시게 하는 곳

1) 광야는 교회이다(행7:38)
   ① 예배하는 곳
   ② 십계명을 받는 곳(말씀을 받는 곳)
   ③ 찬송과 감사를 드리고 원망을 버리는 곳
2) 광야는 하늘 양식을 먹는 곳(출16:14, 요6:48-51)
3) 광야는 반석에서 나온 생명수를 마시는 곳(고전10:3-4)
   ① 신령한 음료 + 신령한 반석 = 그리스도(시78:15)
   ② 옆구리 쪼개짐으로 피와 물이 나오더라(요19:34)
4) 광야는 믿음을 성장시키는 곳(민14:2-3)
   = 믿음이 없이는 하나님을 기쁘시게 할 수 없는 것(히11:6)
5) 광야는 거듭난 자들이 통과하는 곳(민14:22)
   = 요단강을 건너 가나안 땅을 정복하는 성령의 능력을 받는 곳

꼭 기억하라

- 나 하나님과 모든 육체를 가진 땅의 모든 생물 사이에 영원한 언약을 기억하리라(창9:16)

1) 롯의 처를 기억하라(눅17:32)

2) 지옥에 떨어진 부자의 고통을(눅16:25)

3) 고넬료의 기도와 구제가 상달됨을(행11:4)

4) 마리아의 옥합을 깨트림을(마26:13)

5) 주는 것이 받는 것보다 복이 있다 하신 말씀을(행20:35)

6) 여호와께서 너희에게 안식을 주시며 이 땅을 너희에게 주시리라 그 말을 기억하라(수1:13)

7) 내가 삼 년이나 밤낮 쉬지 않고 눈물로 각 사람을 훈계하던 것을 기억하라(행20:31)

구하라

1) 갑절의 성령을 구하라.
   = 성령이 하시는 역사가 갑절이나 내게 있게 하소서(왕하2:9)

2) 여호와를 구하라.
   = 마음과 뜻을 바쳐서(대상22:19)

3) 자기 민족을 위하여 간절히 구하라(에4;8)

4) 예루살렘을 위하여 평안을 구하라(시122:6)
   = 예루살렘을 사랑하는 자는 형통하리로다

5) 여호와를 쫓으며 공의와 겸손을 구하라(습2:3)
   = 여호와의 분노의 날에 숨김을 얻으리라

6) 너희는 먼저 그의 나라와 그의 의를 구하라(마6:33)
   = 이 모든 것을 너희에게 더하시리라.

7) 무엇이든지 원하는 대로 구하라(요15:7)
   ① 그리하면 이루리라
   ② 내 이름으로 구하라 너희 기쁨이 충만하리라(요16:24)

꿈을 이룬 요셉

1) 노년에 얻은 아들로 여러 아들들보다 더 사랑받아 채색옷을 입다(창37:3)
2) 아버지의 심부름에 책임을 완수하다(세겜에서 도단, 창37:17)
3) 형제들의 시기로 은 20에 팔려갔지만 하나님이 함께 하셔서 보디발의 은혜를 입어 섬기는 자로 범사에 형통함을 보이다(창39:4)
4) 주인과 약속 한 주인이 아내의 동침을 거절하다
   = 내가 어찌 큰 악을 행하여 하나님께 죄를 지리이까
   = 나는 그럴 수 없습니다(창39:9)
5) 왕의 죄수를 가두는 옥으로 모함으로 갇혔지만 여호와께서 함께 하시어 옥의 제반 사무를 처리하다(창39:21-23)
6) 감옥에 있은 지 만 2년 후 성령의 감동된 자로 바로 왕의 꿈을 해석하면서 하나님을 높이다(창41:16)
7) 땅의 기근 때 애굽의 저축된 모든 창고를 열다(창41:56)
8) 당신들이 나를 이곳에 팔았다고 해서 근심하지 마소서 한탄하지 마소서 하나님이 생명을 구원하시려고 나를 당신들보다 먼저 보내셨나이다(창45:5)
   = 다섯 해 남은 흉년을 부족함이 없도록 봉양하는 고백과 형들과 입 맞추며 안고 울며 용서하고 화목하다(창45:15)
9) 창15장의 여호와의 말씀대로 아버지와 70명 가족을 애굽 고센 땅으로 이주하여 말씀을 이루어가다(창46:27)

그리스도 옷

◉ **오직 주 예수 그리스도로 옷 입고**(롬13:14)

♠ 옷

1) 보호(창9:21),   2) 보장(창27:27),   3) 권위(창41:42),
4) 보증(룻3:9),   5) 계승(삼상18:4),   6) 능력(왕상2:8),
7) 치유(마9:20),   8) 회복(눅8:35),   9) 변화(마17:2),
10) 기념(시22:18)

♠ 그리스도의 옷

1) 가죽 옷(창3:21), 무화과 옷(창3:7)
2) 세마포(계19:8, 창41:42)
   = 요셉의 옷(채색옷 - 종의 옷 - 죄수옷 - 세마포)
3) 들에 옷에서 제일 좋은 옷(눅15:22)
4) 빛의 갑옷(롬13:12)
5) 전신갑주(엡6:11,13) 성령의 옷(골3:12)
6) 흰 옷(계3:5)
7) 능력과 존귀의 옷(잠31:25 후일에 웃는 자)

◆ 그리스도의 옷을 입자

근원

◉성읍의 위치는 좋으나 물이 나쁘므로 토산이 익지 못하고 떨어지나이다 새 그릇에 소금을 담아 물 근원으로 나아가서 소금을 가운데 던지며 여호와 말씀이 이 물을 고쳤으니 이로부터 다시는 죽음이나 열매 맺지 못함이 없을지니라(왕하2:19-22)

1) 생명의 근원 - 마음(잠4:23)

2) 생수의 근원 - 예배(요7:38)

3) 샘의 근원 - 축복(왕하2:21)

4) 힘의 근원 - 능력(삿16:9)

5) 병의 근원 - 건강(막5:29)

6) 삶의 근원 - 형통(신29:9)

7) 에덴의 근원 - 영성(창2:10)

◆ 확증되고 확인되고 확신되어 집니다.

끝까지

1) 끝까지 하나님의 일을 지키는 자(계2:26)
   = 만국을 다스리는 권세

2) 끝까지 견디는 자(마24:13)
   = 이방의 빛으로 삼아 너로 땅 끝까지 구원하게 하리라(행13:47)

3) 땅 끝까지 증인 되는 자(행1:8)
   = 하늘과 땅의 모든 권세를 주시어 세상 끝 날까지 너희와 항상 함께 있으리라(마28:18, 20)

4) 끝까지 시작할 때 확신한 것을 견고히 잡는 자
   = 그리스도와 함께 참여하는 자(히3:14)

5) 끝까지 예언의 말씀을 지키는 자(시119:3)
   = 네 소유가 땅끝까지 이르리로다(시2:8)

6) 끝까지 사랑하는 자(요13:1)
   = 내 마음에 기뻐하는 사 사랑하는 자로 세워 내 영을 주리리

7) 끝까지 주 안에 거하는 자(요일2:27-28)
   = 기름부음과 참되고 거짓이 없으며, 나를 나타내리라(요14:21)

기도는 섬김이다

1) 무엇이든지 믿고 구하라(마21:12)

2) 항상 기도하고 낙심하지 말라(눅18:1)

3) 범사에 감사하며 기도하라(빌4:6)

4) 아버지 원대로 엎드려 기도하라(마26:39)

5) 외식자의 기도를 금하라(마6:5)

6) 중언부언 기도하지 말라(마6:9)

7) 더불어 마음을 같이 하여 기도하라(행1:14)
    = 때로는 따로 기도(마14:23)
    = 은밀한 기도(마6:6)

8) 성령 받기를 기도하라(행8:15)

기도의 거장 : 한나(삼상1:10)

1) 마음이 괴로운 한나
2) 원통함과 격분됨이 많은 한나
3) 통곡하며 기도한 한나
4) 하나님이 생각해 주는 회복자

♠ 회 복
① 성전 기도 회복
② 믿음의 기도를 드리는 회복
③ 은혜를 입으며 약속을 하는 회복
④ 얼굴에 수색(마음의 근심)을 회복
⑤ 동침(모든 것을 품는)의 회복
⑥ 약속을 지키는 회복
⑦ 찬양의 삶을 드리는 회복
⑧ 더하여 아들 셋, 딸 둘을 얻는 회복

기름 부으신 여호와

◉ 주 여호와의 영이 내게 내리셨으니 여호와께서 내게 기름을 부
  으(사61:1-11)

♠ 이제부터
1) 가난한 자에게 아름다운 소식을 전하며(1)
2) 마음 상한 자를 고치게 하시며(1)
3) 포로 된 자에게 자유를(1)
4) 갇힌 자에게 놓임을 선포하게 하시며(1)
5) 모든 슬픈 자를 위로하게 하시며(2)
6) 오래 황폐된 곳을 옛부터 무너진 곳을 다시 일으키며 증수하게 하시며(4)
7) 오직 여호와의 제사장으로 봉사자로 일컬음을 받게 하시며(6)
8) 수치 대신 보상을 배로 갑절의 기쁨을 얻게 하시며(7)
9) 자손 후손을 복을 받은 자손이라 인정하시며 만민 가운데 알리게 하시며(9)
10) 신부가 자기 보석으로 단장함같이 구원의 옷을 입히시며 크게 기뻐하고 즐거워하게 하시며(10)
11) 땅이 싹을 내며 동산에 뿌린 것에 움이 돋게 하시며 공의와 찬송이 모든 나라 앞에 솟아나게 하시며(11)
12) 여호와께 심으신 그 영광을 나타낼 자로 일컬음을 받게 하십니다(사61:3)

기적을 이루시는 주님의 두 번의 음성

1) 밤(수고) = 빈 배, 빈 그물
   ① 배를 육지에서 조금 떼라
   ② 깊은 데로 가서 그물을 내리라(눅5:3-5)
2) 혼인 잔치 항아리에 떨어진 표적(요2:7-8), 빈 항아리
   ① 아구까지 채우라.
   ② 떠서 갖다 주어라.
3) 빚진 선지자의 아내
   ① 모든 이웃에게 그릇을 많이 빌리라
   ② 그릇에 기름을 부어 차는 대로 옮겨놓으라(왕하4:3-5)
4) 3년 기근을 만난 사르밧 과부(왕상17:9)
   ① 물을 조금 가져다가 마시게 하라
   ② 한 움큼의 가루 조금 남은 기름으로 먼저 떡 한 개를 만들어 내게로 가져오고 그 후에 너와 네 아들을 위하여 만들라 (왕상17:10-13)
5) 뽕나무: 삭개오
   ① 삭개오야 내려오라,
   ② 오늘 네 집에 유하여야겠다(눅19:5-6)
6) 빈들, 저녁, 큰 무리
   ① 갈 것 없다 너희가 먹을 것을 주라,
   ② 그것을 내게로 가져 오라(마14:16-18)

○오병이어 기적은 떡을 만드는 방법에서 온 것이 아니라 주님의 말씀으로 드려질 때, 넘겨질 때, 나눌 때 원대로 주는 것

7) 두 번째 부르는 음성

① 모리아 산에서 여호와의 사자가 하늘에서부터 두 번째 아브라함을 불러(창22:15)

② 예레미야가 아직 시위대 뜰에 갇혀 있을 때 여호와의 말씀이 그에게 두 번째로 임하니라(렘33:1)

= 여호와 말씀이 두 번째로 요나에게(욘3:1)

= 예수님 다시 두 번째 나아가 기도하여(마26:42)

= 닭이 곧 두 번째 울더라 = 예수께서 자기에게 하신 말씀 곧 닭이 두 번 울기 전에 네가 세 번 나를 부인하리라 하심이 기억되어 그 일을 생각하고 울었더라(막14:72)

= 갈릴리 오신 후 두 번째 표적 = 왕의 신하의 아들이 병듦, 죽기 전에 내려오소서 네 아들이 살아 있다 하시니 그 사람이 예수께서 하신 말씀을 믿고 가더니 내려가는 길에서 그 종들이 오다가 만나서 아이가 살아 있다 하거늘 일곱 시에 열기가 떨어짐 자기와 온 집안이 다 믿으니라(요4:54)

= 두 번째 이르시되, 요한의 아들 시몬아 네가 나를 사랑하느냐 그러하나이다 주께서 아시나이다 이르시되 내 양을 치라.

= 두 번째 소리, 하나님께서 깨끗하게 하신 것을 네가 속되다 하지 말라(행10:15)

= 많은 사람의 죄를 담당하시려고 단번에 드리신 바 되셨고 구원에 이르게 하기 위하여 죄와 상관없이 자기를 바라는 자들에게 두 번째 나타나시리라(히9:28)

= 두 번째로 할렐루야 하니 그 연기가 세세토록 올라가더라 (계19:3)

기이한 법(시119:1-176)

◉ 눈을 열어 주의 기이한 법을 보게 하소서(시119:18)

1) 후대하여 살게 하심(17), 비방과 멸시가 떠남(22)
2) 수치를 당하지 않게 하심(31)
3) 막심한 고난에서 소성케 하심(25, 37, 40, 50,116,159), 위경에서 건지심(시107:20)
4) 발에 등, 길에 빛이 되어 우둔한 자를 깨닫게 하심(130, 144)
5) 환난과 우환 가운데서 즐거움으로(143)
6) 장애물을 제거하시고 큰 평안을 주심(165)
7) 보증하시고 복을 주심(122)

1) 주의 말씀을 마음에 두고(11), 즐거워하는 생활(16), 복 있는 사람(시1:1)
2) 입에서 떠나지 말며(43), 신속히 지키는 생활(60)
3) 항상 영영히 끝없이 지키는 생활(44)
4) 종일 묵상(97), 새벽(148), 야경(147)
5) 입술로 선포(13)하며 꿀보다 더 달게 사모(103)하는 생활

◆ 삼가 말씀에 주의하는 자는 좋은 것을 얻나니(잠16:20)
  말씀으로 말씀을 이루는 증거자!!

기회

1) 모든 경건한 자는 주를 만날 기회를 얻어서 주께 기도할지라
 (시32:6)
2) 회개할 때 기회를 주심(관계 회복, 욥42:6)
 = 욥, 다윗, 요나, 베드로
3) 뜻을 정한 자에게 은혜를 주시어 기회를 주심
 = 룻, 에스더, 다니엘
4) 말씀에 순종하여 만들 때 기회를 주심(관리)
 = 야곱(팥죽, 별미, 창27:4), 사르밧 과부(작은 떡)
5) 말씀이 임할 때, 말씀을 의지할 때 기회를 주심: 베드로(눅5:5)
6) 정신을 차리고 근신하여 기도할 때(벧전4:7)
7) 징조가 임할 때 행하는 자(삼상10:7)

◆ 넘겨 줄 기회(욕심), 변명의 기회, 자랑할 기회, 비방할 기회를 버리고 자유를 육체의 기회로 삼지 말고 오직 주의 사람으로 서로 종노릇하라(갈5:13)

죄가 기회를 타서 계명으로 말미암아 나를 속이고 그것으로 나를 죽였는지라(롬7:11)

길을 열어주신 예수님

◉ 내가 곧 길이요 진리요 생명이니 나로 말미암지 않고는 아버지께 올 자가 없느니라(요14:6)

1) 생명나무의 길 그룹들과 두루 도는 불 칼로 막아 놓으신 생명나무의 길을 열어 주심(창3:24)
   = 영생의 길
2) 거할 성에 이르는 바른길 을 열어 주심(시107:7)
3) 휘장 가운데로 열어 놓으신 새로운 살길을 열어 주심(히10:20)
   = 휘장은 예수님의 육체
4) 부족함이 없게 하시며 영혼을 소생시키시는 의에 길을 열어 주심(시23:3)
5) 주의 앞에 충만한 기쁨이었고 주의 오른쪽에 영원한 즐거움이 있는 생명의 길을 열어 주심(시16:11)
6) 완전한 마음을 가진 자를 충성된 자를 살펴 완전한 길을 열어 주심(시101:2,6)
7) 어떻게 하든지 하나님 뜻 안에서 좋은 길을(성령 충만) 열어 주심(롬1:10)
① 생명나무 길(영생), ② 바른길,   ③ 새로운 살길,
④ 의에 길,   ⑤ 생명의 길, ⑥ 완전한 길,
⑦ 좋은 길 열어 주신 주님 날마다 평생 항상 찬송하며 감사하며 말씀에 아멘하여 읊조리며 오직 주님만 바라보며 따라가렵니다.

나는 누구인가

●**주의 날에 너희가 어떠한 사람이 되어야 마땅하냐**(벧후3:11)

1) 복음으로 말미암아 그리스도 예수 안에서 함께하는 상속자(엡3:6)
2) 하나님의 동역자요, 하나님의 밭이요, 하나님의 집을 세우는 건축자(고전3:9-10)
3) 택하신 족속, 소유된 백성으로 기이한 빛에 들어가는 자(벧전2:9)
4) 거룩한 왕같은 제사장으로 아름다운 덕을 선포한 자(벧전2:9)
5) 여호와 앞에 있는 기념책에 기록된 특별한 소유자(말3:16-17)
6) 하늘에 시민권을 갖은 자 (빌3:20)
7) 너희를 친구라 하였노니(요15:15)
   ① 진리의 복음을 듣고 전하는 자(엡1:13)
   ② 신실한 일꾼(엡1:1)
   ③ 복음의 일꾼(롬15:16)
   ④ 교회 일꾼(골1:25)
   ⑤ 영광의 소망을 따라 사는 자(골1:27)

◆ 능력의 역사로 힘을 다하는 에바브로처럼 예수님의 좋은 군사로 하나 되게 하소서

나를 세우시는 여호와

⦿ **너희가 나를 택한 것이 아니요 내가 너희를 택하여 세웠나니 이는 너희로 열매를 맺게 하고 또 너희 열매가 항상 있게 하여 내 이름으로 아버지께 무엇을 구하든지 다 받게 하려 함이라**(요15:16)

1) 능력자로 여호와 이름을 온 땅에 전파자 되게 하시기 위해 세우심(출9:16)
2) 기념자로(발 닿는 곳을 주시고 정복하는) 세우심(수4:9)
3) 성읍을 세우는 자로(재산을 심히 많게 하시어) 세우심(대하32:29)
4) 만민의 인도자 명령자로 세우심(사55:4)
5) 여러 나라의 말씀 선포자, 선지자로 세우심(렘1:5)
6) 내 입의 말을 듣고 나를 대신하여 그들을 깨우치는 파수꾼으로 세우심(렘6:17)
7) 항상 열매를 맺고 무엇을 구하든지 다 받게 하시고 서로 사랑하기 위해 세우심(요15:16-17)

♠ 부르시고 세워 주시는 여호와 하나님 앞에 세워져가는.
① 능력자 ② 승언자 ③ 기념사 ④ 선시사(대언자, 예언자)
⑤ 부요자(풍부한, 풍성한) ⑥ 파수꾼
⑦ 오직 성령 충만을 입은 자로.
견고히, 존귀히 세워 가심을 기도하며 축원합니다.

나에게 주어진 권세

1) 상속권(롬8:17)
   = 하나님의 상속자

2) 청구권(마7:7)
   = 구하는 자

3) 양자권(롬8:15)
   = 양자의 영

4) 동원권(마13:41; 24:31)
   = 천사

5) 시민권(빌3:20)

6) 동행권(행26:16)

7) 선포권(사61:1)

날마다

◉ 날마다 우리 짐을 지시는 주 곧 우리의 구원이신(시68:19)

1) 날마다 말씀 낭독(느8:8), 날마다 일용할 양식 거둠(출16:16), 날마다 성경을 상고(행17:11)
2) 날마다 구원을 선포할지어다 기이한 행적을 모든 민족 중에 만민 중에 선포할지어다(대상16:23-24)
3) 날마다 성전에 있든지 집에 있든지 예수는 그리스도를 가르치기와 전도하기를 그치지 아니하니라(행5:42)
4) 날마다 자기를 부인하고 자기 십자가를 지고(눅9:23)
5) 날마다 정한 시간에 기도하러 성전에 올라가는(행3:1)
6) 나는 날마다 죽노라(고전15:31, 오직 예수)
7) 날마다 마음을 같이 하여 성전 모이기를 힘쓰라(행2:46)

♠ 날마다 무너지게 하는 것

1) 날마다 요셉을 번거롭게 하는 보디발 아내(창39:10)
   = 언약 파괴자, 보디발의 아내
2) 삼손을 날마다 번뇌하게 하여 죽을 지경까지 이끄는 말로 재촉(삿16:16)하여 능력을 빼앗는 늘릴라
3) 날마다 성전 미문에 앉아 구걸하게 하는 길가 거지 소경(행3:2)
4) 날마다 장터에 변론하게 하는(행17:17) 변론자
5) 날마다 호화호식, 세상의 연락으로 지옥불에 던지는 자(눅16:19)
6) 날마다 쓸 것을 주며 지정된 것으로 포로화시키는 포로자(단1:5)

내가 붙드는 종

◉ 내가 붙드는 종, 내 마음에 기뻐하는 자, 내가 택한 자(사 42:1-10)

1) 상함에서 꺽지 아니하시고 꺼져 감에서 끄지 아니하십니다(3)

2) 쇠하지 낙담하지 아니하게 하십니다(4)

3) 땅의 소산을(축복) 호흡(건강) 영(성령)을 주십니다(5)

4) 손을 잡아 보호하시며 세워 빛이 되게 하십니다(6)

5) 눈을 밝히며 갇힘에서 묶임에서 어두움에서 풀어주십니다(7)

6) 예언한 일을 이루시고 새 일을 시작하게 하십니다(9)

7) 새 노래로 찬양하게(곤고한 것이 풀어지는) 하십니다(10)
   ① 붙들어 주고 계십니다
   ② 기뻐하는 종으로 세우십니다

◆ 잊지 않고 언약을 보증하여 주십니다!!!

너그러운 자

◉내 의의 하나님이여 내가 부를 때에 응답하소서 곤란 중에 나를 너그럽게 하셨사오니 내게 은혜를 베푸사 나의 기도를 들으소서(시4:1)

1) 은혜를 구하는 너그러운 은혜의 사람(잠19:6)

2) 남을 대접하는 너그럽게 섬기는 자(삼하18:5)

3) 고난 중에서 여호와를 부르는 너그러운 기도자(시4:1)

4) 간절한 마음으로 말씀을 받고 날마다 상고하는 너그러운 영적 품위자(행17:11)

5) 모든 일에 넉넉하여 감사(연보)가 넘치는 너그러운 자(고후9:11)

6) 선한 일과 선한 사람(선교와 구제)에 너그럽게 쓰임 받는 자(딤전6:18)

7) 하나님께서 생각해 주시고 은덕(후대)을 베푸시니 너그러운 자로 살게 하옵소서(시13:6)

너는

1) 너는 복이 될지라(창12:2)
2) 너는 죄를 다스릴지니라(창4:7)
3) 너는 내 앞에서 행하여 완전하라(창17:1)
4) 너는 마음을 다하고 뜻을 다하고 힘을 다하여 네 하나님 여호와를 사랑하라(신26:11)
5) 너는 알라 오직 네 하나님 여호와는 하나님이시요 신실하신 하나님이시라 그를 사랑하고 그 계명을 지키는 자에게 천 대까지 그의 언약을 이행하시며 인애를 베푸시되(신7:9)
6) 너는 나의 종이라 내가 너를 택하고 싫어하여 버리지 아니 하였도다(사41:19)
7) 너는 내 아들이니 내가 오늘 너를 낳았다(히5:5)
8) 너는 하나님께 소망을 두라 그가 나타나 도우심으로 말미암아 내가 여전히 찬송하리로다(시42:5, 11)
9) 너는 범사에 그를 인정하라(잠3:6)
10) 이스라엘이여 너는 행복한 사람이로다(신33:29)

너는 하나님과 화목하고 평안하라(욥22:21-30)

1) 교훈을 받고 말씀을 마음에 두라(욥22:22)
2) 전능자에게로 돌아가라(23)
   = 창조의 목적으로 돌아가라
   = 하나님을 주인으로 섬기라
3) 장막에서 불의를 멀리하라(23)
   = 하나님의 기준에서, 요구에서 벗어나지 말라.
4) 보화를 티끌로 오빌의 금을 계곡의 돌로 여기라(24)
   = 하나님을 예배하는 삶을 가장 귀히 여기라
5) 전능자를 기쁘게 여기라(26)
   = 삶에서 주님을 드러나게 하라
6) 겸손하라(29)
   = 큰 은혜를 부어주심
7) 손을 깨끗이 하라 뜻을 허탄한 데 두지 말고 거짓 맹세하지 아니하며 정직한 삶을 살자(시24:4)
   ① 복이 임하고(21)
   ② 좋은 것으로 집에 채워 주심(18)
   ③ 전능자가 네 보화가 되어 주심(25)
   ④ 기도를 들으시고 서원을 갚아 주심(27)
   ⑤ 길에 빛을 비춰주심이 무엇을 결정하면 이루심(28)
   ⑥ 낮추시어 겸손하게 하시어 도와주심(29)
   ⑦ 손을 깨끗하게 하시어 건지심(30)

네 발에서 신을 벗으라(출3:5, 수5:15)

● **주님의 명령**

1) 명절을 준비하라(유월절)

2) 광야로 내려가지 말라

3) 내 권리를 포기하라(환경, 위치, 생각, 옛 일)

4) 회복하라(도망자에서 지도자로, 목자에서 백성의 인도자로)

5) 약속의 보증자로 세우겠다

6) 힘을 다해라(모든 것 준비됨을 믿으라)

7) 네 발 닿는 곳마다 기적이 일어난다(임마누엘)
 ① 신발을 벗으라(출3:5)
 ② 발을 씻으라
 ③ 발목에 힘을 주어 일어나라
 ④ 법궤를 메고 발걸음을 내딛으라
 ⑤ 발목을 잠기게 하라
 ⑥ 발 닿는 곳마다 정복하라
 ⑦ 세계 열방에 증인 되는 발걸음이 되어라

높이시는 하나님1

◉ 크게 하시는 하나님께서 크게 하시어 높여 주십니다(시18편)

1) 기름 부으심을 받은 자에게 가난에서 힘을 주시어 뿔을 높여 주십니다(삼상2:7-10)

2) 여호와를 사랑하는 자를(시18:1), 암사슴 발 같게 하시어 높은 곳에 세우십니다(시18:33)

3) 여호와의 이름을 아는 자를 높이십니다(시91:14), 여호와 이름 (출6:6-8)

4) 뜻을 정한 자를 어른 삼아 높여 주십니다(단2:48-49)

5) 택하여 부른 종들을 받들여 높여 형통하게 하십니다(사52:13)

6) 자기를 낮추는 자를(마23:12)

7) 하나님을 높이는 자를 높여 주십니다(잠4:8)

◆ 높인 자 되어 주님 나라를 세우는 귀하고 견고한 존귀한 예수님의 좋은 군사!

높이시는 하나님2

1) 주님을 사랑하여 힘을 얻는 자에게(시18:1) 은혜와 능력을 주시어 크게 하십니다.

2) 환난 중에 아뢰며 부르짖는 자에게(시18:6) 손을 펴사 붙잡아 주시어 크게 하십니다(시18:16)

3) 방패를 내게 주시며 주의 오른손으로 붙들고 주의 온유함으로 나를 크게 하십니다. 발걸음을 넓게 하시면(시18:36-37)

4) 백성의 다툼에서 건지시고 여러 민족의 으뜸으로 삼으시어 높여주십니다. 말씀을 삼가 듣고 청종하면(시18:44)

5) 대적자들 위에 나를 높이심(시18:48), 주께 감사 주께 찬양하는 자에게(시18:49)

6) 기름 부음 받는 자에게 인자를 베푸시어 높게 하십니다(시18:50)

   = 여호와를 사랑하는 자(시18:1)

   = 여호와 이름을 아는 자(시91:14)

   = 뜻을 정한 자를(단2:48~49)

   = 택하여 부른 종들을 받들어 형통하게 하시어(시52:13)

   = 자기를 낮추는 자를(마23:12)

   = 하나님을 높이는 자를(잠4:8) = 기름 부으심으로(삼상2:7-10)

높이시는 하나님3

◉한나가 기도하여 이르되 내 마음이 여호와로 말미암아 즐거워하며 내 뿔이 여호와로 말미암아 높아졌으며 내 입이 내 원수들을 향하여 크게 열렸으니 이는 내가 주의 구원으로 말미암아 기뻐함이니이다(삼상2:1)

1) 기도하는 자를 높이심(뿔을 높이심, 삼상2:7-10)

2) 나의 힘이 되신 여호와여 내가 주를 사랑하나이다 고백하는 자를 높이 세우시고 열방의 으뜸 되게 하심(시18:33,43)

3) 내 이름을 안즉, 믿을 때(출6:6-8, 시91:14 20:1-5)

4) 뜻을 정한 다니엘: 귀한 선물과 모든 것에 어른되게 하심(단2:48-49)

5) 자기를 낮추는 자는 높이리라(마23:12, 딤전6:17, 벧전5:6)

6) 주님을 높이는 사들(삼4:8), 여호와의 광대하심을(시34:8)

7) 하나님이 오른손으로 예수를 높이시매 약속하신 성령을 부어 주셨느니라(행2:35)

눈에 비늘을 벗자(행9:12-17, 20, 22)

1) 빛이 임하였다 지금 엎드려져야 합니다(행9:4)
2) 주의 음성을 들었다.
   = 아무도 보지 못하고 아무것도 먹지 못하고, 말도 할 수 없었다.
   = 오직 주의 음성을 들을 때입니다. 기도하게 하시었다.
   = 기도의 자리로 옮겨져야 합니다.
3) 갈 곳과 행할 일을 알려주시었다(행9:6)
   = 목표가, 목적이 바뀌어져야 합니다.
4) 만남을 주어 시 보게 하시고 성령 충만하게 하심(행9:12,17)
   성령의 사람을 만나야 합니다.
5) 더욱 힘을 얻어 예수를 그리스도라 증명(행9:22)하며 굴복시키며 예수 이름으로 담대히 말하는 자로 변화되어야 합니다.
   = 곤고함에서 피할 길과 건져주십니다(행9:29)

♠ 이제
  ① 부정적 비늘을 벗자.   ② 의심의 비늘을 벗자.
  ③ 비난의 비늘을 벗자.   ④ 미움의 비늘을 벗자.
  ⑤ 교만의 비늘을 벗자.   ⑥ 거짓의 비늘을 벗자.
  ⑦ 자랑의 비늘을 벗자.

◆ 바울의 시작은 눈에 비늘이 벗겨짐으로 시작되었습니다. 우리도 육의 눈, 세상적인 눈, 지식의 눈의 비늘들이 벗겨지기를 원합니다.

눈을 열어 보게 하소서(시119:18)

1) 모리아산 – 인정받는 눈(창22:13) 이레의 눈
2) 야곱의 축복의 눈(창28:12), 하란 아롱진(창31:12), 얍복강(창32:25-30)
3) 호렙산(출3:2) 하나님의 능력을 보는 눈 – 사명자의 눈
4) 정직한 예언의 눈을 여는 발람 – 전능자의 시상을 보는 눈(민22:31)
5) 여호와 군대 대장을 보는 여호수아의 눈, 말씀 받아 여리고성을 점령하는 정복자의 눈(수5:13-15)
6) 아람 군대 – 엘리사 기도(불말, 불병거, 게하시의 눈) – 기도로 승리하는 눈(왕하6:17)
7) 다시 보게 되는(행9:40) – 가는 곳마다에서 주님을 보게 하심
   ▶ 눈이 열린 자: 다윗, 다니엘, 에스라, 스가랴, 느헤미야
   ▶ 지옥에 있는 부자의 눈을 열어 천국을 보게 하신 눈

♠ 보게 하소서
  ① 삼상12:6 – 너희 목전에서 큰일 보게
  ② 마7:4 – 내 눈 속에 들보를 보게
  ③ 고후5:17 – 새것이 되었음을 보게
  ④ 마28:6-10 – 누우셨던 빈 무덤에서 부활의 주님을 보게
  ⑤ 눅13:30 – 나중 된 자가 먼저 됨을 보게
  ⑥ 시119:18 – 주의 기이한 법을 보게
  ⑦ 눅18:41 – 내가 보기를 원하나이다

다스리시는 여호와 하나님(시97편)

1) 즐거워하며 기뻐하게 하심(1)
2) 의와 공의로 기초를 세우시고 심판하심(시89:14)
3) 불을 주심(불과 빛)(눅3:16)
4) 능력을 주심(말씀)(사40:29)
5) 지혜 + 명철 + 총명을 주심(탁월하게 하심)(단1:17)
6) 은혜와 믿음을 주심(신5:10, 행14:27)
7) 성령과 능력으로 기름 부어주심(행10:38)

♠ 하나님께서 다스리는 자
1) 도전하는 자(말씀으로 하나님을 신뢰, 의지하는 자)
    = 아브라함, 야곱, 요셉, 다니엘
2) 악을 미워하는 자(하나님이 기뻐하시는 자)
    = 하나님께서 싫어하시는 것, 미워하시는 것,
    = 하나님께서 진노하시는 것을 버리는 자
    = 생각, 가증, 행악, 불의함, 패역을 버리는 자
3) 정직한 자를 다스리심(아름다운 땅, 성읍 진흥, 기도, 후손이 복을 받음)
4) 감사하는 자를 다스리심(합, 욥, 히스기야, 한 문둥병자, 바울 다윗)
5) 성령의 인치심을 받고 섬기는 자

다윗의 승리(삼상17:31-49)

♠ 영적 무장된 다윗

1) 용모가 젊고 붉고 아름다웠음(41), 세상의 것으로 치장하지 않음
   = 오늘날에는 세상 것으로 보이려고 한다.
2) 어린 소년이었지만 현장을 피하지 않음(28)
3) 흥분하지 않음 = 의분을 가졌다(26)
   = 마음의 성전이 사단의 도구가 되어서는 안 된다.
4) 낙담하지 말 것을 당부(32)
   = 영적 전쟁에서 낙담은 절대 독약이다.
5) 함께 하시는 하나님을 확신하며 높이며 자랑한다.
   = 하나님의 능력을 믿게 한다(33-37), 확신하고 선포하는 믿음
6) 익숙하지 않은 것은 곧 벗어버림(38)
7) 항오를 향하여 빨리 달리며(48)
   = 목표를 발견하며 거리를 조절하였다.
8) 손을 넣어 매끄러운 돌을 취함(49), 준비된 것으로 망설이지 않음
   = 손에 잡힌 모든 것은 이제 기름 부은 능력으로 매끄럽게 나타나게 되었다.
9) 그리고 던짐(49), 확신을 선포를 증거하게 하였다.
   = 승인되어야 한다. 하나님 나라는 말에 있시 않고 능력에 있는 것을 현장에서
10) 나는 주의 종 베들레헴 이새의 아들이니이다(58)
    = 오늘날, 싸워야 하는 골리앗(명예, 물질, 육신의 병, 사람), 싸움을 돋우는 자

당당한 여인들

1) 기업 무를 자를 만나는 복을 받는 룻과 같은 은혜의 사람(룻3:12)
2) 왕의 홀을 잡아 소원을 이루는 에스더와 같은 심히 사랑스러운 승리의 사람(에5:14)
3) 구하는 것을 허락받는 한나와 같은 하나님이 생각해 주는 사람(삼상1:18,27)
4) 선행과 구제하는 일이 심히 많아 죽음에서 살아나는 도르가와 같은 사람(행9:36)
5) 총명하고 용모가 아름다운 아비가일과 같은 사람(삼상25:3)
6) 기도와 말씀을 따르는 부자 루디아 같은 사람(행16:14)
7) 복음 사역에 생명 걸고 동역하는 브리스가와 같은 사람(롬16:3-4)
8) 일곱 귀신에게서 회복되고 부활의 주님의 소식을 전하는 막달라 마리아 같은 사람(막16:9)
9) 기름을 준비한 슬기로운 사람(마25:4)
10) 술람미 여인처럼 당당한(아6:13)

◆ 그리스도의 신부로 당당히 승리하시는 예수님의 신부들!

'……더니' 신앙

1) 말씀을 열었더니(눅4:17)
   = 주의 성령이 내게 임하심(눅4:18)

2) 말씀의 의지하여 던졌더니(눅5:7)
   = 두 배에 채워짐

3) 말씀대로 채웠더니 갖다 주었더니(요2:10)
   = 지금까지 좋은 포도주를 두었다고 신랑이 칭찬받는

4) 말씀대로 먼저 만들었더니(왕상17:14)
   = 가루통에 마르지, 다하지 않는 역사

5) 기도하였더니(삼상1:27)
   기도한 바를 여호와께서 허락하심(삼상1:27)

6) 산꼭대기에서 손을 붙들어 올렸더니 승리를 주심(출17:12)

7) 말씀대로 씻었더니(씻으라, 잠그었더니)
   = 보게 되었더라(요9:11)
   = 깨끗하게 되었더라(왕하5:14)

더미

⦿ **곡식단 더미의 끝에 눕는지라 룻이 가만히 가서 그의 발치 이불을 들고 거기 누웠더라**(룻3:7)

1) 이삭을 줍는 더미에서 곡식단 더미로 이끌어 내신 여호와(룻3:7)
2) 내 살에는 구더기와 흙덩이(흙더미)가 의복처럼 입혀졌고 내 피부는 굳어졌다가 터지는구나(욥7:5)
    = 청결하고 정직하면 반드시 너를 돌보시고 네 의로운 처소를 평안하게 하실 것이라(욥8:6)
    = 고난, 환난의 흙더미에서 썩지 않는 유업을 받게 하시는 여호와(고전15:47-50)
3) 빈궁한 자의 거름더미에서 올리사 귀족과 함께 앉게 하시는 여호와(삼상2:8)
4) 목자들이 양을 위하여 외치며 애곡하는 잿더미에서 양들을 회복시키시는 여호와(렘5:34)
5) 전쟁의 폐허 더미에서 빼앗긴 모든 더미에서 재건 증수하게 하시어 부흥케 하시는 여호와(느2:17)
6) 가난한 먼지 더미에서 들어 세워 백성의 지도자들과 함께 세우시는 여호와(시113:7-8)
7) 아간의 아골골짜기 돌무더기에서(수7:26)
    = 돌을 제하여 만민을 위하여 기를 세우는 성읍더미(사62:12)

◆ 더미에서 일어나자!!

더하여 주시는 복

1) 큰 빛이 비치어(주께서 이 나라를 창성케 하시어 즐거움을 더하여 주시는 복을 받는 민족, 사9:3)
2) 마음으로 명령을 지키라
   ①복을 받음이 더하여 만민보다 우승하는 복(신7:14)
   ②명령을 지키고 하나님 여호와를 사랑하는 자에게 주시는 세 성읍을 더하여 주시는 복(신19:9)
   ③마음으로 명령을 지켜 장수와 평강을 더하여 주시는 복(잠3:2)을 받는 자
3) 그 나라와 의를 먼저 구하라(있어야 할 모든 것을 더하여 주시는 복을 받는 자, 마6:33)
4) 주라(후히 되어 누르고 흔들어 넘치도록 더하여 주시는 복을 받는 자, 눅6:38)
5) 하나님이 생각하시어(부끄러움을 씻으시고 요셉을 주시고 다시 그녀에게 다른 아이들을 더하여 주시는, 베냐민), 복은 받은 라헬처럼(창30:22-24) 하나님이 생각해 주시고 더하여 주시는 복을 받는 자
6) 심는 자에게(심을 것을 주시고 풍성하게 하시고 의의 열매를 더하여 주시는, 고후9:10) 복을 받는 자
7) 베푼 인애로(처음보다 나중이 더한 현숙한 여인으로 인정받는 룻처럼, 룻3:10, 나중이 더하여 좋아지는 복을 받는 자).

던지라

1) 지팡이를 던지라(출4:3-4)
   = 던져질 때 능력의 지팡이를 소유하게 하십니다(독사의 꼬리를 잡을 때 독을 마실지라도 해를 받지 않는 역사가 나타남)
2) 소금(언약)을 던지라(왕하2:21)
   = 물 근원이 고쳐집니다.
3) 익숙된 매끄러운 물맷돌을 던지라(삼상17:49)
   = 골리앗 싸움을 돋우는 자를 물리치게 하십니다.
4) 한 나무(십자가)를 던지라(출15:25)
   = 쓴 물이 달아집니다,
   = 마라가 나오미로 변화됩니다.
5) 나를 바다에 던지라(욘1:12: 나의 연고니라, 소속과 사명을 밝힘)
   = 풍랑이 그치고 사명의 길을 열어 주십니다.
6) 깊은 곳(말씀) 오른편에(성령) 그물을 던지라(눅5:4, 요21:6)
   = 채우는 기적이 일어납니다.)
7) 빵을 던지라(전11:1 : 여러 날 후에 도로 찾으리라)
   = 선교, 구제, 전도, 헌신, 말씀, 기도

◆ 던짐에 변화와 기적과 치유와 회복과 응답의 역사가 모두에게 일어나게 하옵소서

도리어 복을 빌라(벧전3:9-12)

1) 이를 위하여 부르심을 입은 자이기 때문에(9)
2) 복을 유업으로 받을 자이기 때문에(9)
3) 생명을 사랑하고 좋은 날 보기를 원하는 자이기 때문에(10)
4) 간구에 귀를, 눈을 향하여 주시기 때문에(12)

♠ 이제부터 나는
　① 도리어 축복자입니다(시118:26)
　② 도리어 기뻐하는 자입니다(고후12:9, 요16:20)
　③ 도리어 기도자입니다(시109:4)
　④ 도리어 섬기는 자입니다(마20:8)
　⑤ 도리어 화목자입니다(롬12:16-18)
　⑥ 도리어 감사자입니다(시136)
　⑦ 도리어 위에 것을 찾는 자입니다(골3:1, 히11:25)

도우시는 하나님

⦿내가 산을 향하여 눈을 들리라 나의 도움이 어디서 올까 나의 도움은 천지를 지으신 여호와에게서로다(시121:1-2)

1) 아브라함의 지시한 곳에 준비하셔서 도우시는 이레 하나님(창22:14)
2) 이삭의 빼앗김에서 더 좋은 것을 주시는 르호봇 하나님(창26:22)
3) 야곱에 허락하시고 길을 여시어 언약을 이루시는 벧엘의 하나님(창31:13, 35:1-5)
4) 요셉에게 4가지 복을 주신 전능자 하나님(창49:25)
5) 아브라함때 세운 언약을 모세를 통해 출애굽 이루시는 스스로 계시는 야훼 하나님(출3:14-15)
6) 바로의 칼에서 구하시는 엘리에셀 하나님(출18:4)
7) 날마다 도우시는 에벤에셀의 하나님(삼상7:12)
8) 친히 싸워 승리를 주시는 여호와 닛시 하나님(출17:15)
9) 의로운 손으로 붙드시고 도우시는 임마누엘 하나님(사41:10)
10) 연약함을 아시고 친히 간구하시는 성령 하나님(롬8:26)
11) 모든 쓸 것을 채우시는 능력의 축복의 하나님(빌4:13,19)
12) 모든 병을 치료하시는 라파 하나님(시103:3)

◆ 도우시는 하나님 오직 주만 바라보나이다

돌아보시는 은혜

1) 한나의 고통을 돌아보시고 열어주시는 은혜(삼상1:11)
2) 마리아의 부끄러움과 비천을 돌아보시어 말씀을 이루시는 은혜(눅1:25,45,48)
3) 룻을 보장하시는 돌아보시는 은혜(룻2:10)
4) 솔로몬의 기도와 간구를 들으시고 돌아보시는 은혜(왕상8:45)
5) 백성들의 다툼과 생명의 해함에서 돌아보시는 은혜(렘18:19)
6) 환난에서 돌아보시는 은혜(약1:27)
7) 므비보셋의 회복의 보상과 돌아보시는 상급의 은혜(삼하9:7-8)

♠ 돌아보시는 회복과 상급
① 양을 돌아보는 사역(요10:13)
② 가족을 돌아보는(딤전5:8)
③ 네 자신을 돌아보는(갈6:1)
④ 병든 자, 아픈 자를 빼앗긴 자를 돌아보는(눅10:33, 마25:36)
⑤ 고아와 과부와 환난당한 자(약1:27)를 돌아보는

= 승리가 되기를,

= 회복자가 되기를,

= 축복자가 되기를 함께 기도하기를 원합니다.

돌아오라

◉ **내가 네 허물을 빽빽한 구름같이 네 죄를 안개같이 없이 하였으니 너는 내게로 돌아오라 내가 너를 구속하였음이니라**
  (사44:22)

1) 악인의 그의 길을 불의한 자는 그의 생각을 버리고 돌아오라
   (사55:7, 긍휼과 용서)
2) 하나님의 목전에서 가증한 것을 버리고 돌아오라(렘4:1)
   = 이방 신상을 버리고 여호와만 섬기라
3) 행악자에서 돌이켜 돌아오라(욥6:29)
   = 너희 조상들에게 영원부터 영원까지 준 땅에 살리라
4) 악한 길과 악행을 버리고 돌아오라(렘25:5)
   = 돌아와 성전에서 빌며 간구함의 회복
5) 불의함에서 돌아오라(호14:1)
   = 뿌리가 박히고 아름다움과 향기를 내며 풍성한 곡식을 주심
6) 배역한 자들에게서 돌아오라(렘3:12)
   = 노한 얼굴을 너희에게 향하지 않으며 노를 한없이 품지 않고 긍휼을 베푸심
7) 규례를 떠나 지키지 않는 곳에서 돌아오라(말3:7)
   = 여호와께서 돌아보심

◆ 아픔을, 상처를, 상심을 싸매시고 고치시고 내 허물을 사하시고 죄악에서 건져 세워주심

동행

● **우리가 맡은 은혜의 일로 우리와 동행하는 자라**(고후8:19)

1) 룻과 나오미의 동행(룻1:16-17)

    = 복음의 믿음의 결단의 동행

2) 모르드개와 에스더의 민족과 동행(에4:12-17)

3) 다윗과 요나단의 생명 같이 사랑하는 동행(삼상18:1)

4) 바울과 롬16장의 문안자와의 동행

    = 뵈뵈, 브리스와 아굴라, 마리아

5) 모세와 아론과 훌의 사역의 동행(출17:10-12)

6) 여호수아와 갈렙의 섬김의 동행(수14:12-14)

7) 아브라함과 이삭의 말씀의 동행(창22:6),

    = 에녹의 동행,

    = 노아 방주의 동행,

    = 모세와 호밥의 동행(민10:29),

    = 야곱과 에서의 화목의 동행(창33:12)

◆ 동행하는 복을 누리는 자

되리라

1) 이스라엘의 목자가 되며, 내 백성 이스라엘의 주권자가 되리라(대상11:2)
2) 이기는 자가 되리라(계21:7)
3) 내 제자가 되리라(요15:8)
4) 네 소원대로 되리라(마15:28)
5) 지혜로운 자가 되리라(고전3:18)
6) 내 종이 형통하여 지극히 존귀한 자가 되리라(사52:13)
7) 궁창의 확실한 증인, 달같이 영원히 견고한 자가 되리라(시89:37)
   ① 말씀으로,
   ② 믿음으로,
   ③ 기도함으로,
   ④ 신앙고백으로,
   ⑤ 감사 찬양함으로,
   ⑥ 용서와 화목함으로,
   ⑦ 아버지께 돌아올 때(회개)

◆ 그대로 되어집니다. 반드시!

두 아들의 비밀

●두 아들을 낳은 두 여자는 두 언약이라(갈4:24)

[1] 두 아들(언약의 아들들)
1) 이스마엘
    ① 하갈이란 여종에게서 낳은 자(갈4:22)
    ② 육체를 따라 낳은 자(갈4:23)
    ③ 시내산(율법)으로부터 낳은 자(욕심, 갈4:25)
    ④ 율법 아래 종노릇하는 자(갈4:25)
    ⑤ 믿음으로 말미암지 않고 낳은 자
    = 율법으로 말미암아 의롭게 되지 못한 분명한 사건(갈3:11)
2) 이삭
    ① 자유 있는 여자에게서 낳은 자(갈4:23)
    ② 믿음으로 말미암은 약속으로 낳은 자(갈4:23 3:7)
    ③ 위에 있는 예루살렘으로부터 낳은 자(갈 4:26)

[2] 두 언약
율법은 육체의 일(죄)를 다스리며, 복음은 믿음으로 약속의 자녀가 되는 그리스도 예수 안에서 하나님의 아들이 되는 것(갈3:26) 그리스도의 것이면 아브라함의 자손이요 약속대로 유업을 이을 자니 그리스도 예수 안에서 아브라함의 복이 이방인에게 미치게 하고 또 우리로 하여금 믿음으로 말미암아 성령의 약속을 받게 하려함이라(갈3:14)

성령의 약속은 너희가 하나님의 성전인 것과 하나님의 성령이 너희 안에 계시는 것을 알지 못하느냐(고전3:16)

하나님의 성전을 더럽히면 하나님이 그 사람을 멸시하리라 하나님의 성전은 거룩하니 너희도 그러하니라(고전3:17)

성령으로부터 영생을 거두리라(갈6:8)

그리스도 옷을 입게 하여 주셨습니다(갈3:27)

   = 율법(육체, 욕심,죄)에서 통과하여 말씀과 성령으로 복음(예수 그리스도)을 믿는 믿음 안에서 성령으로 성전(교회)이 건축되어지는 것

[3] 육체의 일은

1) 하나님 나라의 유업을 얻지 못한다(갈4:30,5:21)
2) 죄 아래 가두어 매인 바 되게 한다(갈3:23)
3) 성령을 따라 난 자를 박해하게 한다(갈4:29)
4) 십자가의 걸림돌이 된다(갈5:17)
5) 어지럽게 한다(혼미, 혼돈, 무질서(갈5:12)
6) 노하며 서로 투기하며 헛된 영광으로 돌리게 한다(갈5:26)
7) 육체로 자랑하게 하며(갈6:12)

   = 성령을 거스려 원하는 것을 하지 못하게 한다(갈5:17)

   이로 말미암아 ① 음행, ② 더러운 것, ③ 호색, ④ 우상 숭배, ⑤ 주술, ⑥ 원수 맺는 것, ⑦ 분쟁, ⑧ 시기, ⑨ 분냄, ⑩ 당 짓는 것, ⑪ 분열, ⑫ 이단, ⑬ 투기, ⑭ 술취함, ⑮ 방탕함이 분명히 나타남을 볼 수 있게 됩니다.

   약속으로 받은 이삭은 아브라함의 자손이요 성경이 미리 알

고 먼저 아브라함에게 복음을 전하되 모든 이방인이 너로 말미암아 복을 받으리라(갈3:9)
아브라함의 복(창12:13)
   = 온 민족, 이름이 창대해지는 복의 근원이 됨을 믿음으로 말미암아 성령의 약속을 받게 하려 함이라(갈3:14)

[4] 약속의 자유의 아들들

1) 성령을 따라 행하라(갈5:16, 5:25)
2) 여종과 그 아들을 쫓아내라(갈4:30)
3) 다시는 종의 멍에를 매지 말라(갈5:1)
4) 누룩을 제거하라(갈5:9)
5) 온유한 심령으로(갈6:1)
  = 서로 짐을 지고(갈6:2)
  = 각자 자기 일을 살피라(갈6:4)
6) 선을 행하되 낙심하고 포기하지 말라(갈6:9)
7) 성령으로 믿음을 따라 의와 소망을 기다리는 자(갈5:5)

[5] 약속의 자녀들은 사랑과 희락과 화평과 오래참음과 자비와 양선과 충성과 온유와 절제의 열매를 맺습니다(갈5:22)

예수 그리스도를 믿는 믿음으로 말미암아 약속을 받는 사들에게 죄 아래에서 자유를(갈3:22) 그리고 영생을 주실 것입니다.

뜰에서 회복하는 자

1) 숙곳의 뜰에서 벧엘로 회복되는 야곱(창35장)

2) 보아스 뜰에서 이삭 더미를 줍는 여인이 보아스 곡식 더미로 회복되는 룻(룻3:7)

3) 에스겔 성전의 안뜰에 여호와 영광이 가득한 성전뜰 회복(겔 43:5)

4) 왕의 어전 뜰에서 왕의 홀을 잡은 에스더의 회복(에5:1)

5) 뜰에서 쥐엄 열매 먹는 탕자에서 아버지 품에서 회복되는 둘째 아들(눅15:24)

6) 가야바 뜰에서 말씀이 생각나서 회복되는 베드로(마26:75)

7) 여호와 집에 심겼음이여 우리 하나님의 뜰 안에서 번성하리로다.

디모데의 믿음(예수 안에 있는 자, 딤후1:1-17)

1) 청결한 양심(딤후1:3)
   = 청결한 마음과 선한 양심(딤전1:5)

2) 긍휼의 눈물(4)
   = 감사의 눈물, 복음의 눈물, 기도의 눈물이 있는 믿음

3) 거짓이 없는 믿음(5)
   = 겨자씨 생명의 믿음

4) 하나님의 은사를 받은 믿음(6)

5) 하나님의 주신 능력과 사랑과 절제하는 마음을 가진 믿음(7)

6) 믿음과 사랑으로 바른말 본받고 성령의 부탁하는 아름다운 것을 지키는 믿음(13, 14)

7) 은혜와 긍휼과 평강을 입은 믿음(18)

◆ 섬김에 확신이 있는 믿음

띠 띄우시는 하나님

◉ 내 걸음을 넓게 하셨고 나를 실족하지 않게 하셨나이다(시18:36)

1) 사랑의 띠(골3:14)

2) 진리의 띠(엡6:14)

3) 등불을 켜고 서 있는 허리의 띠(눅12:35)

4) 내 길을 완전케하는 힘의 띠(시18:32)

5) 굴복하게 하는 능력의 띠(시18:39, 삼상2:4, 시93:1)

6) 슬픔이 춤이 되게 하는 기쁨의 띠(시30:11, 시65:12)

7) 거룩하게 하는 세마포 띠(레16:4)

◆ 띠를 띠는 승리자! 이기는 자!

마지막 때의 마땅한 사람

1) 한 가지를 잊지 말자(벧후3:8-9)
   = 오래 참으시어 회개의 기회를 주심을
2) 거룩한 행실과 경건함으로 하나님 나라를 바라보자(벧후3:12)
3) 새 하늘과 새 땅을 간절히 사모하자(벧후3:12-13)
4) 흠과 점이 없는 평강 가운데 나타나기를 힘쓰자(벧후3:14)
5) 말씀을 억지로 풀지 말자(벧후3:16)
6) 미혹, 굳센 믿음에서 떨어지지 않도록 삼가자(벧후3:17)
7) 은혜와 예수 그리스도를 아는데 더욱 자라가자(벧후3:18)

♠ 하늘과 땅과 물질의 심판의 날을 준비하는 사랑하는 자여
   ① 잊지 말자, ② 바라보자, ③ 사모하자, ④ 힘쓰자,
   ⑤ 억지로 풀지 말자, ⑥ 항상 살펴 조심하며 삼가자,
   ⑦ 더욱 자라가자.
   = 성숙되어 극상품 열매 맺는 자

◆ 이제부터 영원한 날까지 상속자요, 동역자요, 밭이요, 집을 지어가는 건축자요, 택하신 소유된 백성이요, 왕 같은 제사장이요, 시민권을 가신 특별한 소유자요, 예수의 증인이요, 이 땅에서 주의 날에 이르기까지 마땅한 사람으로!!!!

말씀대로(시119편)

1) 주의 말씀대로 살아나게 하소서(25)

2) 주의 말씀대로 나를 세우소서(28)

3) 주의 말씀대로 주의 인자하심과 주의 구원을 내게 임하게 하소서(41)

4) 주의 말씀대로 내게 은혜를 베푸소서(58)

5) 주의 말씀대로 주의 인자하심이 나의 위안이 되게 하소서(76)

6) 부르짖음이 주의 앞에 이르게 하시고 주의 말씀대로 나를 깨닫게 하소서(169)

7) 주의 말씀대로 나를 건지소서(170)

◆ 말씀대로 내게 이루어지이다 하매 천사가 떠나가니라(눅1:38)
  말씀대로 행하리이다(렘42:5)

말씀이 육신이 되어 오신 예수님(눅1:26-38)

1) 은혜를 받은 자에게 오심: 은혜를 입은 자(눅1:30)
    ① 말씀을 받는 자(눅1:38)
    ② 뜻을 정하여 고백하는 자(룻2:2)
    ③ 꿈을 포기하지 않는 자(창39:4)
    ④ 겸손한 자(약4:6)
    ⑤ 사모하는 자(고전12:31)
    ⑥ 기도하는 자(삼상1:18)
    ⑦ 말씀을 의지하는 자(눅5:5)

2) 하나님이 함께 하는 자에게 오심(눅1:28)
3) 성령과 능력을 부음 받은 자(눅1:35)
4) 종이 되는(자신을 발견하는) 자(눅1:38)에게 오심
5) 말씀대로 이루워 짐을 고백하는 자(눅1:38)에게 오심
6) 기뻐하며(복중에서도) 찬송하는 자(눅1:41,46-55)에게 오심
7) 겸손과(엘리사벳의 고백: 마리아를 내 주의 모친으로), 온유한 자(요셉이 자기 의를 들어내지 않고 가만히 끊어냄, 마1:19)

◆ 겸손과 온유한 자에게 아기 예수님 오십니다.
   호산나 호산나!!!

말씀을 읽는 자세 (눅4:16-19)

◉ 말씀을 읽을 때
1) 영생을 얻는 줄 알고(요5:39)
2) 신령한 젖을 사모하는 마음으로(벧전2:2)
3) 묵상하며(시1:2)
4) 거듭날 줄 믿고(벧전1:23)
5) 말씀을 마음에 두려워하는 자세로(시119:11)
6) 복된 줄로 믿고(계1:3)
7) 순종하려는 마음으로(삼상3:10)

♠ 말씀을 받는 자세
1) 간절한 마음으로(행17:11)
2) 하나님의 말씀으로(살전2:13)
3) 두려워하는 자세로(사66:2)
4) 믿음으로 받고 보는 자세로(히11:3)
5) 아멘으로(고후1:20)
6) 회개하며 받아야 한다(행2:37)
7) 성령의 능력이 임함을 믿고(눅4:16-18)

맡기라

◉ 내가 날 때부터 주께 맡긴 바 되었고 모태에서 나올 때부터 주는 나의 하나님이 되셨나이다(시22:10)

1) 네 길을 여호와께 맡기라(시37:5)
   = 그가 이루시고
2) 네 짐을 맡기라(시55:22)
   = 붙드시고
3) 너희 행사를 맡기라(잠16:3)
   = 경영을 이루시고
4) 원수 갚는 것을 맡기라(롬12:19)
5) 모든 염려를 맡기라(벧전5:7)
   = 돌보심
6) 모든 소유를 맡기라(요13:3, 마25:21)
   = 인정해 주심
7) 직분을 맡기라(딤전1:12)

◆ 충성되어 맡긴 자로 승리하시는 예수님의 좋은 군사들!!!

먼 저

●너희보다 먼저 가시는 너희의 하나님(신1:30)

1) 먼저 그의 나라와 그 의를 구하라(마6:33)
   = 하나님의 나라는 오직 성령 안에서 의와 평강과 희락이라
   (롬14:17)

2) 먼저 네 눈 속에 들보를 빼라(마7:5)

3) 먼저 화목하라(마5:25, 롬12:10)

4) 먼저 기도와 간구로 감사하라(빌4:6)

5) 먼저 여호와께 물으라(신32:7, 대하34:21)

6) 먼저 작은 것을 만들라(왕상17:13)

7) 먼저 작은 자가 되라(사60:22)

8) 먼저 심는 자가 되라(고후9:10)

9) 먼저 성령 충만을 입으라(마12:29)

10) 먼저 사랑하여 서루 우애하고 존경하기를 하라(롬12:10)

모세의 믿음(히11:23~29)

1) 무서워하지 않는 모세 어머니의 담대한 믿음의 출산과 갈대 상자 속의 떠남의 담대함(11:23)

2) 믿음이 장성하여 공주의 아들이라 칭함 받기를 거절할 줄 아는 결단(24)
   = 허영과 불의에 민첩한 신앙(거절과 수락의 분별력이 장성되어야)

3) 하나님의 백성과 함께하는 고난을 잠시 죄악의(세상의) 낙을 누리는 것보다 우선순위가 분명한 신앙(25절)

4) 그리스도를 위한 수모를 모든 보화보다 더 큰 재물로 여기며 위를 바라볼 줄 아는 믿음(26)

5) 참아 내고 오직 주를 바라보며 인내하는 믿음(27)

6) 예식(절기, 예배)을 지키는 믿음(28)

7) 홍해를 육지 같이 건너는 믿음(29)
   = 시험하다, 빠져 죽지 않는 믿음

믿음은 : 은혜요 능력이요, 구원입니다.

목마름

◉ **누구든지 목마르거든 내게로 와서 마셔라**(요7:37)

1) 하갈의 목마름
   = 하갈의 눈을 밝히심(창21:19)
2) 광야의 목마름
   = 그들의 목마름 때문에 그들에게 반석에서 물을 내시며(느9:15)
3) 요나의 목마름
   = 내가 주의 목전에서 쫓겨났을지라도 다시 주의 전을 바라보겠나이다(욘2:4)
4) 내 영혼의 목마름
   = 사슴이 시냇물을 찾기에 갈급함 같이(시42:1)
5) 수가성 여인의 목마름
   = 내가 주는 물을 마시는 자는 영원히 목마르지 아니하리니(요4:14)
6) 탕자의 목마름
   = 내가 여기서 주려 죽는구나(눅15:17)
7) 예수님의 목마름
   = 성경을 응하게 하려 하사 이르시되 내가 목마르다 하시니(요19:28)

◆ 나를 믿는 자는 영원히 목마르지 아니하리라(요6:35)

문안하라

- 너희가 거룩한 맞춤으로 서로 문안하라 그리스도의 모든 교회가 다 너희에게 문안하느니라(롬16:16)
- 거룩한 입맞춤으로 의와 화평으로 좋은 것으로 우리 땅이 그 산물을 내리로다(시85:9-13)
- 입맞춤의 문안

1) 만남의 입맞춤-라반과 야곱(창29:13)
2) 용서, 화평의 입맞춤 - 에서와 야곱(창33:14), 요셉과 형들의 입맞춤(창45:15)
3) 기름 붓고 지도자로 세우는 입맞춤-사무엘이 사울에게(삼상10:1)
4) 나오미와 며느리의 보증의 입맞춤(룻1:14)
5) 탕자와 아버지의 회복의 입맞춤(롬16:16)

♠ 바울의 문안자
4) 사도들에게 존중히 여김을 받는 자를(롬15:7?)
5) 그리스도 안에서 인정받은 사랑받는 자에게 문안(롬16:8,10)
6) 주 안에 택함을 받은 루포(루포는 구레네 시몬과 그의 아내에게서 낳은 자) 그의 어머니 곧 내 어머니니라(롬16:13)
7) 함께하는 형제들에게 문안(롬16:14-15)

바디매오의 믿음(막10:46-52)

바디매오: 길가, 거지, 소경

1) 기회를 포착하는 믿음 : 말씀을 듣고 예수님의 소문을 듣고
   = 마귀의 시간: 다음, 나중
   = 주님의 시간: 지금, 바로 때문에 통과해야 한다.
   - 사모하고 도전하고 결단해야 한다.
   - 말씀을 통하여 나의 기회를 삼아야 한다.
2) 부르짖는 믿음(절박, 간절함), "나를 불쌍히 여기소서."
   = 부르짖을 때: 장애물을 극복하게 되는 것
   = 입이 열릴 때 많은 사람의 장애물 등장
   = 하나님이 내 편이 되어 주심, 응답과 크고 비밀한 일을 보여 주심, 원한을 풀어 주심
3) 버릴 것 버리는 신앙
   = ① 겉옷, ② 교만, ③ 자랑, ④ 구습, ⑤ 완고, ⑥ 속셈
4) 꼭 필요한 것을 구하는 믿음
   = 주님만이 하실 수 있음을 고백하며 보기를 원합니다.
5) 주님을 바로 아는 믿음
   = 예수님을 높이는, 예수님을 인정하는 변화와 동행
   - 구원의 믿음(선생 – 주여!)

바울 곁의 사람들(딤후4:9-14)

1) 데마 – 세상을 사랑하여 데살로니가로 떠난 사람

2) 그레스게 – 갈라디아로

3) 디도 – 달마디아로

4) 누가 – 함께한 사람

5) 마가 – 바울의 일에 유익한 자

6) 두기고 – 에베소로 파송됨

7) 알렉산더 – 바울에게 해를 많이 입힌 사람

8) 디모데, 실라 동역자(사역의 동역)

9) 문안자 – 롬16장(삶의 동역자들)
   = 브리스길라와 아굴라, 뵈뵈, 마리아

반드시1

1) 생각한 것을 반드시 이루십니다(사14:24)

2) 경영을 반드시 이루십니다(사14:24)

3) 말한 것을 반드시 이루십니다(눅1:45, 삼상9:6)

4) 반드시 번성케 하십니다(히6:14)

5) 반드시 기쁨의 단을 가지고 돌아오게 하십니다(시126:6)

6) 반드시 상주십니다(히11:6)

7) 기업을(땅에서) 반드시 복을 받게 하십니다(신15:4)
   = 가난을 없애주십니다

8) 반드시 보응해 주십니다(사54:7)

◆ 말씀을 찾아 마음에 두시고 예수 그리스도 이름으로 선포되어질 때 반드시 이루어주십니다!!!

반드시2

1) 반드시 내가 광야에 길을, 사막에 강을 내리니(사43:9)

2) 반드시 너에게 복 주고 복 주며 너를 번성하게 하고 번성하게 하리라(히6:14)

3) 반드시 너와 함께 있으리라 이 산에서 하나님을 섬기리니 이것이 너를 보낸 증거니라(출3:12)

4) 반드시 도우시고 우리를 대신하여 싸우시리라(대하32:8)

5) 반드시 기쁨으로 그 곡식 단을 가지고 돌아오리라(시126:6)

6) 반드시 내가 생각한 것이 되며 내가 경영한 것을 반드시 이루리라(사14:24)

7) 반드시 주께서 하신 말씀이 이루어지고 믿는 여자에게 복이 있도다(눅1:45)

반석

1) 여호와 하나님-우리 하나님 외에 누가 반석이냐(시18:31)
2) 신령한 반석 - 곧 그리스도라(고전10:4)
3) 반석되신 교회-반석 위에 교회를 세우리니(마16:18)
4) 전능자 목자의 손이 되시는 반석(창49:24)
5) 힘이 되시는 반석(요새, 피할 반석, 구원의 뿔, 산성 피난처, 시18:1-2)
6) 수로를 내시는 반석(욥28:10, 민20:11)
7) 능력이 되시는 반석(사17:10)
8) 꿀과 기름 되시는 반석(시81:16:, 신32:13)
9) 지혜로운 자의 삶 되신 반석(마7:24)

♠ 사탄의 돌
1) 가인의 살인 돌(창4:6-8)
2) 자기 이름을 내는 바벨탑(창11:9)
3) 부끄러움과 되게 하는 삼손이 맷돌(삿16:21)
4) 간음한 여인을 향한 군중들의 돌(요8:4)
5) 사흘째 잔치 집에 포도주가 떨어진 여섯 돌 항아리(요2:6)
6) 스데반을 쳐 죽이는 말씀을 거역하는 돌(행7:59)
7) 인봉한 무덤의 돌(마27:66)

♠ 생명의 반석

1) 야곱의 언약의 돌베개 반석(창28:11)

2) 부싯돌 반석(출4:26, 수5:2)

3) 기도의 닛시 반석(출17:12)

4) 광야의 반석(민20:11)

5) 호렙산 반석(출33:21)

6) 언약의 두 돌판 반석(신4:13, 신9:10, 히9:4)

7) 물맷돌 반석(삼상17:46-49)

8) 보배로운 산돌(벧전2:4)

9) 흰 돌 반석 새 이름이 기록될 반석(계2:17)

◆ 여호와를 사랑하라(시18:1)

　여호와를 찬송하라(시144:1)

　여호와를 기억하라(시78:35)

◆ 길을 완전하게 하시며 높이시고 붙들어 크게 하시며 걸음을 넓게 하시며 으뜸되게 하시며, 다툼에서 건지시고 원수들의 발 아래 엎드리게 하시며 기름 부으심으로 인자를 베풀어 주심(시18:32-50)

번제

1) 노아의 번제(창8:20, 땅의 저주가 차단)
   = 새 언약을 받음
2) 사무엘의 미스바 기도회 번제(삼상7:9)로 승리
3) 다윗 법궤 회복 번제(삼하6:17-18)
   = 여호와 이름으로 백성을 축복
4) 다윗의 인구 조사로 인한 재앙 때 다윗의 번제(삼하24:25)
   = 재앙이 끝남
5) 엘리야의 갈멜산 번제(왕상18:3~7)
   = 응답의 불을 주심
6) 솔로몬의 기브온 산당의 일천번 번제(왕상3:4)
   = 하나님께서 네게 무엇을 줄꼬,
   - 지혜와 부귀와 장수를 허락하심
7) 욥의 세 친구의 번제(욥42:10)
   = 욥의 곤경을 돌이키시고 갑절의 복을 주심

◆ 예수님의 단번의 번제로 죄가 죽고 살아계심은 하나님께 대하여 살아계심이니(롬6:10)

범사에 하나님을 인정하라 1

◉ **길을 알리시고 인도하시며 함께하시는 하나님, 범사에 인정하라 명하심**(잠3:6)

1) 하나님은 우리의 피난처시요 힘이시니 환난 중에 만날 큰 도움이 되시는 것을 인정(시46:1)
   = 너희는 가만히 있어 내가 하나님 됨을 알지어다(시46:10)

2) 보배로운 백성 삼으시고 모든 민족 위에 뛰어나게 하시어 영광을 삼으신 하나님을 인정(신26:18)

3) 여호와 하나님을 떠나서 아무것도 할 수 없음을 인정(요15:5)

4) 오직 의인은 믿음으로 말미암아 사는 것을 인정(롬1:17)
   믿음이 없이는 하나님을 기쁘게 할 수 없음을 인정(히11:6)
   하나님을 기쁘시게 하는 자는 마음의 소원을 이루어 주심(시37:4)

5) 복음을 전하는 자로 부르심을 인정(행16:11)

6) 정직한 자들의 후손에게 복이 있음을 인정(시112:2)

7) 주님의 이름으로 무엇을 구하든지 응답하심을 인정(요15:7)

범사에 인정하라2(잠3:6)

1) 여호와를 네 하나님으로 인정하라(신26:17)
2) 주님의 이름으로 아버지께 무엇을 구하던지 응답받게 하심을 인정하라(요15:7,16, 대하6:24, 26)
3) 아버지를 떠나서는 아무것도 할 수 없음을 인정하라(요15:5)
4) 복음을 전하는 자로 부르심을 인정하라(행16:10)
5) 오직 의인은 믿음으로 말미암아 사는 것을 의롭다 하심을 얻는 것은 믿음으로 되는 줄(롬3:28), 믿음이 없이는 하나님을 기쁘시게 할수 없음을 인정하라(히11:6)
6) 후손들이 여호와께 복을 받는 자손임을 인정하라(시61:9, 시115:15)
7) 옳다 인정함을 받는 자를 오직 주께서 칭찬하심을 인정하라(고후10:18)

♠ 인정받는 자
1) 하나님을 경외하는 자로(노아, 아브라함, 고넬료)
2) 하나님이 함께 하는 자로(이삭, 다윗)
3) 여호와 신에 감동된 자로 충만한 자로(요셉, 바울)
4) 하나님의 사람으로(당신은 하나님의 사람으로 아노니: 엘리야)
5) 뜻을 정한 사람으로 승리하는 자로(룻, 다니엘, 에스더)
6) 하나님 마음에 합한 자로 택한 그릇으로(다윗, 바울)
7) 부끄러울 것이 없는 일꾼으로(딤후2:15)

법궤를 모신 다윗

◉ 법궤를 모시려고 성전을 지은 다윗에게 하나님의 언약(대상 17:7-14)

1) 이스라엘 주권자로 삼으신다(8)

2) 네가 가는 모든 곳에 내가 너와 함께 하시어 원수들을 멸하시어 주시겠다(9)

3) 네 이름을 열조의 위대한 이름처럼 만들어 주리라(9)

4) 해함이 없는 정착의 복을 주시겠다(10)

5) 모든 원수에서 벗어나 편히 쉬게 하시며 집을 짓고 수한을 채우고 네 씨로 나라를 견고히 해주시겠다(11-12)

6) 네게 베푼 은총을 빼앗기지 않을 것이다(15)

7) 네 집과 네 나라가 네 왕위가 영원히 보전되고 견고하게 하리라(14)

◆ 말씀 중심, 성전 중심, 성령 중심으로 마음을 결단하시면 주님의 언약의 축복이 나와 가정과 교회와 나라에 충만하게 하심을 찬양하며 감사드립니다.

병

1) 사탄으로 인한 질병(욥2:7, 눅13:16)
2) 귀신으로부터 오는 질병(마9:32: 벙어리귀신, 마12:22: 눈먼 자, 눅13:11: 18년 귀신들린 여자)
3) 죄로 인한 질병(신28:20-22: 저주와 견책, 파멸, 염병, 폐병, 열병, 상함, 학질, 한재, 풍재, 재앙)
4) 주님의 징계-병(히12:6, 계2:22)
5) 은혜의 질병(고후12:7-10: 육체의 가시)
6) 성만찬 때 경건하지 못함(고전11:29-30: 약한 자와 병든 자)
7) 하나님 영광을 위한 병(요9:3,11, 4)
8) 천사로 인해(창32:25: 허벅지 관절(환도뼈)
9) 자연적으로 오는 병: 일사병(일상의 부주의로)
10) 선천적으로 오는 병: 선천적 약함, 알레르기, 허약함, 유전

♠ 병을 고치는 7단계
1) 하나님의 자녀가 되어야 한다(마15:26)
2) 회개할 때(요5:14), 다시 죄를 범하지 않으면
3) 하나님의 약속을 붙드는 자(눅5:12), 엎드려 구하는 자
4) 부르짖는 기도(막10:47-48)
5) 믿음을 보일 때(마9:22)
6) 안수(막16:18 손은 얹은즉)
7) 감사할 때(시103:1-5)

보라

1) 눈을 들어 동서남북을 바라보라(창13:14)
   = 보이는 땅을 허락하여 너와 네 자손에게 주리라
   = 사방을 보라 네게 모이게 하리라(사49:18)
2) 눈을 들어 멀리 바라보라(창22:4) 삼일 길, 예비 된 곳을
3) 꿈에 본 즉 또 본즉 또 본즉 기둥을 세우고 기름을 붓는 은혜를(창28:12)
4) 너희를 위하여 하늘에서 양식을 비같이 내리시어 일용한 것을 날마다 거두게 하심을 보라(출16:4)
5) 광야에 길을 사막에 강을 내시는 새 일 행하심을 보라(사43:19)
   너희 목전에서 큰일을 행하심을 보라(삼상12:16)
   = 행하시는 큰 능력(구원)을 보라(대하20:17)
6) 강한 자로 임하시어 친히 다스리시고 보상과 보응하시는 일을 보라(사40:10)
7) 내 종을 받들어 높이고 존귀하게 하시어 형통하게 하심을 보라(사52:13)
   = 형통하게 하심을 보았더라
8) 네 속에 있는 들보를 보라(눅6:41-42)

◆ 믿음의 주요 온전케 하시는 예수를 바라보자(히12:2)
  우리를 위하여 더 좋은 것을 예비하사 우리를 통하여 이루게 하십니다(히11:40)

보리라!

1) 여호와께서 내 편이 되사 나를 돕는 자들 중에 계시니 그러므로 나를 미워하는 자들에게 보응하시는 것을 내가 보리로다 (시118:7)

2) 큰 광경을 보리라(출3:3)
   = 여호와께서 하시는 일

3) 내 말이 네게 응하는 여부를 보리라(민11:23)

4) 내 말이 네가 믿으면 하나님의 영광을 보리라(요11:40)
   = 마24:30, 인자가 구름 타고

5) 여호와의 영광 곧 우리 하나님의 아름다움을 보리로다(사35:1-2)

6) 내가 너를 무화과나무 아래에서 보았다 하므로 믿느냐 이보다 더 큰 일을 보리라(요1:50-51)

7) 골짜기마다 돋우어지며 산마다 언덕마다 낮아지며 고르지 아니한 곳이 평탄하게 되며 험한 곳이 평지가 될 것이요(사40:4-5)
   = 여호와의 영광이 나타나고 그 모든 육체가 그것을 함께 보리라(사40:4-5)

내 눈을 열어서 주의 율법의 놀라운 것을 보게 하소서(시119:18)

보혈의 능력

- 그가 찔림은 우리의 허물 때문이요 그가 상함은 우리의 죄악 때문이라 그가 징계를 받으므로 우리는 평화를 누리고 그가 채찍에 맞으므로 우리는 나음을 받았도다(사53:5)
- 인자의 피를 마시지 아니하면 너희 속에 생명이 없느니라(요6:53)

1) 예수 그리스도의 보혈은 우리를 죄에서 해방시키셨습니다.
2) 보혈은 영원한 생명을 주셨습니다.
3) 보혈은 모든 죄를 이기는 권능을 주십니다.
4) 보혈은 악한 영을 제거하는 능력을 주십니다.
5) 보혈은 죄악의 결박을 끊어주는 능력이 있습니다.
6) 보혈은 모든 질병을 치료하는 능력이 있습니다.
7) 보혈은 더럽고 추악한 마음을 깨끗게 씻어주는 능력이 있습니다.
8) 보혈은 돌같이 굳어버린 마음을 온유하고 부드럽게 녹여주십니다.
9) 사악하고 추한 마음을 거룩하고 온전하게 하십니다.
10) 보혈은 악한 마귀의 유혹을 이기게 하십니다.
11) 보혈은 모두가 용서하고 화목하게 하십니다.
12) 보혈은 두려움을 몰아내고 자유와 평안을 주십니다.

◆ 갈보리에서 흘리신 예수의 보혈은 오늘도 살아서 역사하십니다.
그 보혈의 능력을 믿고 의지할 때 역사하십니다.
그 보혈의 능력을 선포할 때 기적은 일어납니다.

복음

1) 하나님의 의가 나타나서 믿음으로 믿음에 이르게 하나니(롬 1:17)
2) 복음은 모든 믿는 자에게 구원을 주시는 능력(롬1:16)
3) 복음은 진리(갈2:5)
4) 복음으로 예수 안에 상속자가 되어 약속에 함께 참여하는 자가 되게 하심(엡3:16)
5) 복음으로 일꾼 되는 것(엡3:7)
6) 복음은 죄에 메이지 아니하게 하는 하나님의 말씀(딤후2:9)
7) 복음에는 아무런 장애가 없음(고전9:12)

♠ 복음의 종류
1) 천국 복음(마4:23)
2) 하나님 아들 예수 그리스도의 복음(막1:1)
3) 하나님 나라의 복음(눅4:13)
4) 화평의 복음(행10:36)
5) 큰 은혜의 복음(행20:24)
6) 구원의 복음(엡1:13)
7) 그리스도의 영광의 복음(고후4:4)
8) 평안의 복음(엡6:15)
9) 영원한 복음(계14:6)
10) 진리의 복음(갈2:5)

부르짖으라

● **내가 네게 응답하겠고 크고 비밀한 일을 네게 보이리라**(렘 33:3)

1) 나중이 심히 창대해짐(욥8:5)

2) 고치심(시30:2, 약5:15)

3) 거절치 않으시고 돌아보심(삼상9:16)

4) 가난을 해결(시9:12)

5) 수치를 당치 않게 하심(시22:5)

6) 고난이 해결(욘2:2)

7) 원한을 풀어 주심(눅18:7)

8) 하늘 문을 여심(행7:57-60)

9) 천사가 도우심(눅22:42-44)

10) 성령 충만을 입음(행2:2~4)

부족함이 없게 하시는 하나님

1) 여호와께 고백할 때(시23:1)
2) 여호와를 경외하는 자(시34:9)
3) 여호와를 찾는 자(시34:9)
4) 인내를 온전히 이룰 때(약1:4)
5) 책망할 것이 없이 예수 그리스도의 나타나심을 끝까지 기다림에 견고한 자(고전1:7)
6) 주님께서 함께 하는 자(용서하는 자와 주님을 높이는 자, 창45:5)
7) 부족함을 채워(보충)주는 자(고전16:7)

♠ 부족하면 안 되는 것

1) 믿음(살전3:10)
2) 한 가지 부족한 것(구제하는 일, 막10:21)
3) 데겔
   = 저울에 달아볼 때(단 5:25)
4) 의인이 부족하면 안 됨
   = 소돔과 고모라(창18:28)
5) 주인을 기다리면서 기름이 부족하면 안 됨(마25:8)
6) 잔치 집에 포도주가 부족하면 안 됨(요2:3)
7) 지혜가 부족하면 안 됨(약1:5)
8) 자기 계산으로 부족하다고 말하는 빌들의 제자들(요6:7)

♠ 부족함이 없게 하시는 여호와(신2:7)

1) 모든 좋은 것에(시34:10, 신2:7)

2) 모든 은사에(고전1:7)

3) 날마다 거두는 것에(출16:18)

4) 모든 소원에(전6:2)

5) 만사에 구비하고 견고하게 하심(삼하23:5)

6) 봉양함에(창45:11)

7) 후히 주시는 지혜에(약1:5)

8) 섬기는 일에(빌2:30)

◉**전대나 배낭이나 신발도 없이 보내었을 때에 부족한 것이 있더냐**(눅23:35)

부요케, 풍성케, 충만케, 넉넉케 하여 주십니다.

비둘기

◉**성령이 비둘기같이 하늘로부터 내려와서 그 위에 머물더라**
(요1:32, 막1:10): **비둘기 같은 성령이 임하면?**

1) 너는 내 사랑하는 아들이라 내가 너를 기뻐하노라(눅3:22)
  = 말씀이 임하고 평화와 기쁨이 임합니다.
2) 비둘기 같이 순결하라(마10:16)
  = 지혜롭고 순결해집니다.
3) 내 눈이 쇠하도록 앙망하나이다. 압제를 당하오니 나의 중보가 되옵소서(사38:14)
  = 중보자가 되어주십니다
4) 구름같이, 비둘기들이 그 보금자리로 날아가는 것 같이(사60:8)
  = 흩어졌다 다시 제자리로 돌아오는 회복을 주십니다(시55:6)
5) 네 눈이 비둘기 같구나(아1:14,4:1,5:12)
  = 하늘을 보는 눈 "비둘기 눈을 배우라." 정숙해집니다.
6) 날개를 은으로 입히고 그 깃을 황금으로 입힌 비둘기 같도다 (시68:13)
  = 권능이 임합니다.
7) 번제드릴 때 삼년된 암소, 삼년된 암염소, 삼년된 숫양, 산비둘기, 집비둘기새끼(창15:9)
  = 희생과 헌신을 받으십니다.

빈 것을 채우는 축복

1) 빈 그물-두 배에 채우매(눅5:7) 말씀을 의지하여
2) 빈 항아리 - 변화와 칭찬, 아구까지 채우매(요2:7)
3) 빈 그릇 - 골방의 한 병의 기름을 부으므로 빈 그릇을 채우매 빚 생활문제 해결(왕하4:39)
4) 빈 도끼자루, 잃어버린 도끼날(영력) - 물 위에 지시한 나무를 던지매(왕하6:5)
5) 빈손이 채워지는(룻3:17) - 하나님께 빈손으로 나가지 않는 드려지는 손(출3:21)
6) 빈 들 - 저녁에 빈 들에 다 배불리 먹고 12광주리를 거두는 빈 들의 축복
7) 기도로 빈궁을(시102:7), 전도로 빈집을(눅14:23), 말씀으로 빈 창자를 채우는(겔3:3) 회복의 역사
   ① 말씀을 의지하여 그물을 내리는 손
   ② 아구까지 채워 갖다주는 손
   ③ 골방에서 빈 그릇에 한 병의 기름을 붓는 손
   ④ 지시한 나무를 물 위에 던지는 손
   ⑤ 은혜를 입어 섬기는 손
   ⑥ 주님께 내 것을 넘겨 드려지는 손

비밀

● 주 여호와께서는 자기의 비밀을 그 종 선지자들에게 보이지 아니하시고는 결코 행함이 없으시리라(암3:7)

1) 지혜와 지식과 모든 보화가 감추어 있으며 그리스도를 깨닫게 하는 하나님의 비밀(골2:2-4)

2) 계시의 비밀(엡3:3)

3) 예수님의 제자들에게 가르쳐 준 천국 비밀(마13:11)

4) 경건의 비밀(딤전3:16)

5) 입을 벌려 담대히 알리게 하는 복음의 비밀(엡6:19)

6) 깨끗한 양심에게만 주는 믿음의 비밀(딤전3:9)

7) 그리스도의 비밀(엡3:4)

사랑은

◉사랑하는 자들아 하나님이 이같이 우리를 사랑하셨은즉 우리도 서로 사랑하는 것이 마땅하도다(요일4:7)

1) 미움은 다툼을 일으켜도 사랑은 모든 허물을 가리느니라(잠 10:12, 벧전4:8)

2) 사랑은 죽음 같이 강하고 질투는 스올 같이 잔인하며(아8:6)

3) 사랑은 이웃에게 악을 행하지 아니하나니 그러므로 사랑은 율법의 완성이니라(롬13:10)

4) 사랑은 덕을 세우나니(고전8:1)

5) 사랑은 오래 참고 온유하며 시기하지 아니하며 자랑하지 아니하며 교만하지 아니하며 무례히 행하지 아니하며 자기의 유익을 구하지 아니하며 불의를 기뻐하지 아니하며 진리와 함께 기뻐하고 모든 것을 참으며 모든 것을 믿으며 모든 것을 바라며 모든 것을 견디느니라(고전13:4-7)

6) 사랑은 하나님께 속한 것이니 사랑하는 자마다 하나님으로부터 나서 하나님을 알고 사랑하지 아니하는 자는 하나님을 알지 못하나니 이는 하나님은 사랑이심이라(요일4:7-8)

7) 우리가 서로 사랑하면 하나님이 우리 안에 거하시고 그의 사랑이 우리 안에 온전히 이루어지느니라(요일4:12)
하나님은 사랑이시라 사랑 안에 거하는 자는 하나님 안에 거하고 하나님도 그의 안에 거하시느니라(요일4:16)

8) 사랑 안에 두려움이 없고 온전한 사랑이 두려움을 내쫓나니 (요일4:18)

9) 사랑은 이것이니 우리가 그 계명을 따라 행하는 것이요(요이1:6)

10) 사랑하는 자들은 주를 즐거워하리이다(시5:11)

11) 너희 모든 성도들아 여호와를 사랑하라 여호와께서 진실한 자를 보호하시고 교만하게 행하는 자에게 엄중히 갚으시느니라(시31:23)

12) 사랑한즉 내가 그를 건지리라 내 이름을 안즉 내가 그를 높이리라(시91:14)

삭개오에게 들려주신 주님의 음성

⦿ 삭개오야 속히 내려오라(눅19:5)

1) 주님께서 지나가시다 집중하신 사람에게 들려주신 음성
   = 자신의 단점과 외적인 장애로 할 수 없을 때 앞으로 달려가는 도전자
   = 보기 위하여 올라가는 힘쓰고 애쓰는 자에게 집중하여 주심
2) 이름을 찾아 불러주는 자에게(세리장으로 불러지던 이름 잃었던 내 이름을 찾아) 들려주시는 음성
3) 지나가시다 머물 곳을 찾을 때 들려주시는 음성
   = 속히 내려오라 오늘 네 집에 유하여야겠다.
4) 수근거림을(사람의 소리를) 개의치 않는 자에게 들려주시는 음성
5) 미리 모실 준비가 되어 있지 않았지만 말씀에 급히 기뻐하고 즐거워하며 모시는 자에게 들려주시는 음성
6) 모신 후에, 자신을 발견하고 주님을 만난 자로서 회개와 결단의 고백을 드리는 변화되는 자에게 들려주시는 음성
7) 변상하고 보상하는 나누는 자에게 들려주시는 음성

◆ 속히 내려오라!
주님께서도 높은 보좌에서 이 땅으로 내려오셨습니다.
잃어버린 것을 찾아 구원해 주시려 아브라함의 자손 믿음의 상속자로 삼아 주시기 위해 속히 내려오라!

살게 하소서

◉여호와께서 그를 지키사 살게 하시리니(시41:2)

1) 가난과 궁핍에서(시40:17)
2) 재앙과 기가 막힐 웅덩이와 수렁에서 건지시어(시41:2)
3) 병상에서 붙드시고 악한 병에서 고치시어(시41:3)
4) 주께 범죄 함에서 고치시어(시41:4)
5) 악담, 거짓, 수군거리며 미워하는 자에게서 막으시어(시41:5-7)
6) 심중에 주의 법을 두어 붙드시고 세우시어(시41:11)
7) 원수가 이기지 못하게 하시어(시41:11)

♠ 살리라!
1) 쳐다보면 살리라(민21:9)
2) 붉은 댕기를 달아내리라(수6:17)
3) 말씀이 들어가면(요11:43-44), 생기(겔37:5)
4) 여호와를 찾으라(암5:4)
5) 여호와께 돌아가자(호6:1)
6) 귀를 기울이고 내게로 나아와 들으라(사55:3)
7) 믿음으로(합2:4)

살아생전에 내가 여호와께(시27:4)

1) 하나님을 기쁘시게 하여 하나님께서 주시는 한 가지 소원을 이루는 자(시37:4)
2) 생전에 마지막 한 가지 유언을 준비하는 자(창25:6, 창50:25-26)
3) 나의 한 가지 부족한 것을 아는 자(막10:21)
4) 한 가지로 뜻을 정하여 결단 맹세 하는 자(룻3:3, 스4:16, 단1:8)
5) 이것 한 가지만은 잊지 말자(회개하기를 오래 참으시는 여호와를 : 벧후3:8-9)
6) 한 가지라도 족한 줄 알고 빼앗기지 않는 많은 것보다 좋은 편을 택하는 기념 되는 자(막10:42)
7) 한 가지 목표가 분명한 고백(바울의 고백, 빌3:12)
   = 다윗의 고백: 내 평생에 여호와 집에 살면서 여호와의 아름다움을 바라보며 그의 성전에서 사모하는 그것이라(시27:4)

◆ 내 살아생전 한 평생 한 가지만이라도 주님께 영광이 되며 오직 주님께 인정되기를 소원하며 소망합니다.

삼가 할 말

◉ 네 혀를 악에서 금하며 네 입술을 거짓말에서 금할지어다(신 34:13)

1) 악담(시140:11)
2) 험담(비방, 비난, 벧전2:1, 욥17:5, 약4:11)
3) 낙담(잠24:10)
4) 거짓말(요일1:6; 2:24)
5) 원망(약5:9)
6) 허망(어리석은, 헛된 말, 사58:9)
7) 쓸데없는 말(수다, 딤전5:13)
8) 희롱의 말(엡5:4)
9) 자랑하는 말(유1:16)
10) 부끄러운 말 - 악의와 비방(골3:8)
11) 완악한 말(유1:15, 시31:18)
12) 무식한 변론(벧전2:15)
13) 습관적 말(히10:25)
14) 세상에 속한 말(요일4:5)

◆ 교만, 거만, 오만, 자만, 나만, 태만하면 절대 안 됩니다.

상수리나무

1) 세겜 땅 모레 상수리 나무(창12:6) - 불러내시어 허락하신 약속의 땅, 가나안 사람이 거주한 곳
2) 헤브론 마므레 상수리 수풀(창13:8) - 여호와를 위하여 제단을 쌓은 곳
3) 아모리 족속 마므레 상수리 수풀(창14:13) - 아브라함의 거주
4) 마므레 상수리 수풀(창18:1) - 하나님의 임재와 섬김으로 아내에 아들이 있을 거라는 언약을 받은 곳
5) 세겜의 상수리 나무(창35:4) - 야곱과 함께 한 사람들의 손에 있는 이방 신상과 귀에 있는 귀고리들을 묻음(십자가 상징)
6) 벧엘 아래 있는 상수리 나무 - 리브가의 유모 드보라 묻음(창35:8, 주 안에서 죽음)
7) 여호와 성소 곁에 있는 상수리 나무 아래 세움(수24:26) - 율법책을 기록하고 큰 돌을 가져다가 여호와를 기념하는 곳
8) 기드온이 염소 새끼 하나와 가루 한 에바의 무교병과 국을 양품에 담아 상수리 나무 아래 그에게로 가져다 드리매(삿6:19) - 전쟁의 승리하는 곳
9) 다볼 상수리 나무 하나님을 뵈우려고 올라가는 세 사람을 만나는 곳(삼상10:3) - 만남의 곳
10) 압살롬의 상수리 나무에 달려 죽음(삼하18:10-14) - 원수를 진멸하는 심판의 곳

◆ 상수리 나무는 십자가입니다!!

새 것

◉보라 새 것이 되었도다(고후5:17)

1) 새로운 피조물=그리스도 안에서 화목하는 직분자로(고후5:17-18)
2) 새 사람 = 하나님을 따라 의와 진리의 거룩함으로 지으심을 받은 자로(엡4:4)
3) 새 마음 = 하나님의 선하시고 기뻐하시고 온전하신 뜻을 분별하는 변화 받은 자로(롬12:2)
4) 새 계명 = 내가 너희를 사랑한 것 같이 서로 사랑하는 자로(요13:14)
5) 새 부대 = 새 포도주는 새 부대에 넣어야 둘이 다 보전되는, 지키는 자로(마9:17)
6) 새 이름으로 새 노래를 부르는 자=성령의 말씀을 듣고 이기는 자로(계2:17)
7) 새 일을 행하는 자 = 이제 나타낼 것이라 이전 일 옛적 일을 잊어버리고 광야에 길을 사막에 강을 내는 자로(사43:9)

◆ 새 것으로 새 일을 행하게 하십니다.

새롭게 하소서(시103:5)

1) 내 속에 정한 마음을 새롭게 하소서. 내 안에 정직한 영을 새롭게 하소서. 마음과 영을 새롭게 하소서(시51:10, 겔18:31)
    = 이 시대를 본받지 말고 하나님의 선하시고 기뻐하시고 온전한 뜻이 무엇인지 분별하게 하소서(롬12:12)

2) 모든 죄악에서 새롭게 하옵소서(시103:3, 행3:19)

3) 모든 병에서 새롭게 하옵소서(시103:3)

4) 모든 파멸에서 새롭게 하옵소서(시103:4, 인자와 긍휼의 관을 씌우시어)

5) 내 모든 소원을 좋은 것으로(성령의 통치) 새롭게 하옵소서(시103:5)

6) 내 청춘을 독수리같이 여호와를 앙망하는 자에게 주시는 새 힘으로 곤비치 않고 피곤치 않게 하옵소서(사40:31)

7) 성령의 새롭게 하심으로 성령을 풍성히 부어주시어 영생의 상속자들로 새롭게 하옵소서(딛3:5-8)

서 로

◉ 그러므로 너희는 정신을 차리고 (깨어) 근신 (삼가고 절제)하
여 기도하라(벧전4:7)

너희 대적 마귀가 우는 사자같이 두루 다니며 삼킬 자를 찾
나니(벧전5:8)

1) 서로 기도하라
　① 기도는 방주의 역청, ② 기도는 하늘 보고를 여는 열쇠,
　③ 기도는 무릎(바라크: 생육, 번성, 충만, 정복, 다스림, 창1:28)
2) 서로 사랑하라
　허다한 죄를 덮느니라(벧전4:8)
　말과 혀로만 사랑하지 말고 행함과 진실함으로 하자(요일3:18)
3) 서로 대접하라
　원망 없이, 계산 없이, 대가 없이, 섬김으로!(벧전4:9)
4) 서로 봉사하라
　선한 청지기의 은혜로(벧전4:10), 하나님의 말씀을 하는 것 같
이 하나님이 공급하시는 힘으로 봉사하라(벧전4:11)
5) 서로 겸손으로 허리를 동이라.
　하나님의 능하신 손 아래서 때가 되면 너희를 높이시리라(벧전5:5)
6) 서로 문안하라(위로, 벧전5:13-14, 롬16장)
7) 서로 굳게 서라
　= 믿음에(벧전5:9), 은혜에(벧전5:12), 평강에(벧전5:14)

성경 1

●**성경을 읽으시려고 서서 책을 펴서 기록된 데를 찾으시니**(눅4:16)

1) 주의 성령이 내게 임하심
2) 가난한 자에게 복음을 전하게 기름 부으심
3) 나를 보내사 포로 된 자에게 자유를
4) 눈먼 자를 다시 보게 함을 전파하게 하심
5) 눌린 자를 자유롭게
6) 주의 은혜의 해를 전파하게 하심
7) 오늘 이 글이 너희 귀에 응하게 하심

♠ 말씀을 받을 때
1) 마음이 녹아진 기생 라합(수2:11)
2) 마음이 뜨거워지는 엠마오에서 예루살렘으로 올라오는 두 제자(눅24:32)
3) 결단 뜻을 정한 나오미와 룻(룻1:10)
4) 말씀을 의지한 말씀이 생각난 베드로(눅5:5)
5) 말씀을 이뤄짐을 고백한 마리아(눅1:38)
6) 풍랑 가운데 들려진 말씀을 그대로 되어짐을 선포하는 바울(행27:25)
7) 말씀을 더 듣기 원하여 집으로 모시는 루디아(행16:14)

성경2

1) 성경

　① 하나님의 감동으로 교훈, 책망, 바르게 함, 의로 교육하기에 유익(딤후3:16)

　② 예수를 그리스도이심을 증언(요5:20)

　③ 하나님의 아들에 관하여 약속한 것을 기록(요20:31)

　④ 모든 것을 죄 아래 가두고 약속을 믿는 자에게 주려 함(갈3:22)

　⑤ 구원에 이르는 지혜(딤후3:15)

　⑥ 영생을 얻는 것(요5:39)

　⑦ 위로로 소망을 주려 하는 것(롬15:4)

◆ 간절한 마음으로 말씀을 받고 날마다 성경을 상고(행17:11)

　성경을 펼 때 성령의 기름 부으심이 임함(눅4:17-18)

　성경을 풀 때 마음이 뜨거워져야 함(눅24:32)

　말씀을 받을 때 귀에 응하여야 함(요13:18)

　말씀을 읽고 듣고 지키고 행하여야 함(계1:3)

성령강림

- 너희가 아버지께 구하는 자에게 성령을 주시지 않겠느냐(눅11:13)
- 너희 몸은 너희 가운데 계신 성령의 전인 줄 알지 못하느냐 (고전6:19)
- 성령으로 말미암아 네게 부탁한 아름다운 것을 지키라(딤후1:14)
- 성령을 따라 행하라(갈5:16)
- 성령이 하나 되게 하신 것을 힘써 지키라(엡4:3)
- 성령은 진리니라(요일5:6)
- 성령으로 살게 하소서(갈5:25)
- 성령이 교회들에게 하시는 말씀을 들을지어다(계2:7,11)

1) 성령님 임하여 주시고(마3:16) 머무시어(요1:32) 성령 충만하게 하옵소서(엡5:18)
2) 성령님께 이끌리어 지시를 받고(눅2:26) 이끌리어 가게 하소서 (막1:12, 마4:1)
3) 주의 성령을 내게서 거두지 마시고 항상 내 영을 새롭게 하여 주옵소서(시5:11)
4) 성령 안에서 기도하고, 성도를 위하여 구하게 하옵소서(엡6:18)
5) 성령을 힘입어(마12:28), 성령의 증인 되게 하옵소서(행1:8)
6) 성령으로 모든 것을 가르치고 말하게 하시고(마10:20) 말씀의 모든 것을 생각나게 하옵소서(요14:26)

7) 성령의 감동으로 그리스도를 주라 칭하게 하시며(마22:43) 담대히 성전에 들어가게 하시며(눅2:27), 한량없이 하나님의 말씀을 하게 하옵소서(요3:34)

8) 성령의 위로로 부흥되게 하옵소서(행9:31)

9) 성령의 능력과 기름 부으사 임마누엘 되시는 여호와 하나님을 선포하게 하옵소서(행10:38)

10) 성령과 불의 세례를 부어 주옵소서(마3:11)

◆ 성령을 모독(훼방)하지 않게 하소서(막3:29)

◆ 성령을 근심되게 하지 않게 하소서(엡4:30)

◆ 성령을 소멸하지 않게 하소서(살전5:19)

◆ 분열하지, 분열되지 않게 하소서(유1:19)

▶ 말씀 받을 때(행10:44),

▶ 기도할 때(행8:15),

▶ 회개할 때(행2:38),

▶ 안수 받을 때

▶ 안수할 때(행8:17, 19:6),

    = 성령님 은사를(고전1:11) 부어주옵소서.

    = 성령의 열매를(갈5:22) 맺게 하옵소서.

    = 성령의 사람으로 충만하게 하옵소서.

성령의 능력

◉ 소망의 하나님이 모든 기쁨과 평강을 믿음 안에서 너희에게 충만케하사 성령의 능력으로 소망이 넘치시기를 원하노라 (롬15:13)

1) 모든 기쁨과 평강을 믿음 안에서 충만하게 하십니다(롬15:13)

2) 열매를 확증하는 그리스도의 충만한 축복을 가지고 나아가게 하십니다(롬15:28-29)

3) 약한 데서 온전하게 하시어 도리어 기뻐하게 하시며 그리스도의 능력을 머물게 하십니다(고후12:9)

4) 속사람을 능력으로 강건케하여 주십니다(엡3:20)

5) 온갖 구하는 것, 생각하는 것에 더 넘치도록 하십니다(엡3:20)

6) 모든 것을 할 수 있는 능력을 부어주십니다(빌4:13)

7) 견고케 하시며 인치시고 보증하여 마음에 성령님을 모시게 하여 주십니다(고후1:21-22)

♠성령님은

① 죄와 사망에서 해방시키십니다(롬8:2)

② 말할 수 없는 탄식으로 우리를 위하여 기도하십니다(롬8:26)

③ 하나님 나라에 들어가게 하십니다(요3:5)

④ 말씀 전할 때 성령을 한량없이 부어주시어 함께하여 주십니다(요3:34)

⑤ 가르치고 말한 모든 것을 생각나게 하십니다(요14:26)

⑥ 표적과 기사와 능력이 나타나게 하십니다(롬15:19)

⑦ 육체의 소욕을 이루지 않게 하십니다(갈5:16)

⑧ 큰 무리를 더하게 하십니다(행11:24)

⑨ 소망을 넘치게 하여 주십니다(롬15:13)

⑩ 보증하여 주십니다(고후1:22, 5:5)

⑪ 친히 말할 수 없는 탄식으로 간구하여 주십니다(롬8:26)

⑫ 성령의 열매를 맺게 하십니다(갈5:22)

◆ 오직 성령의 능력으로 선교 일정과 사명을 감당할 수 있기를 함께 기도합니다

성령의 역사와 사탄의 전략 구별

성령	사탄(마귀)
전부(믿음)	얼마를 (계산)
감동(은혜)	감정
내적(평안)	외적(불안, 의심)
감사(고백)	체면(위신), 변명, 질투, 과거
생명	사망
고백(회개)	거짓(변명)
주님을 바라봄	환경(과거), 사람, 물질을 바라봄

성령 충만을 입으라(엡5:8)

♠ 예수님
1) 성령으로 잉태(마1:18-20)
2) 성령이 임하심 - 세례(마3:16)
3) 성령에 이끌리심(마4:1)
4) 성령으로 명하고 가르치심(마10:20)
5) 성령 받으라 명하심(요20:22)
6) 성령을 보내심(행2:33)
7) 성령의 기름 부으심(행10:38)

♠ 성령 충만 하면
1) 기사와 표적이 나타남(행6:8)
2) 기쁨이 생김(요15:11)
3) 칭찬 듣는 자로(행6:3)
4) 남의 일 돌보게 됨(빌2:4)
5) 지혜와 총명에 하나님을 아는 것으로 채워짐(골1:9)
6) 세움을 입음(행6:6)
7) 직분을 맡기심(딤전1:2)
8) 성령의 능력
 = 말하고, 보게 하시고, 권능이 임하고, 생활의 변화(롬15:9)

세우시는 하나님

1) 능력자로 여호와 이름을 온 땅에 전파자되게 하시기 위해 세우심(출9:16)
2) 기념자로 세우심(수4:9)
   = 발 닿는 곳을 주시고, 정복하는
3) 성읍을 세우는 자로 세우심(대하33:29)
   = 재산을 심히 많게 하시어,
4) 만민의 인도자, 명령자로 세우심(사55:6)
5) 여러 나라의 말씀 선포자, 선지자로 세우심(렘1:5)
6) 내 입의 말을 듣고 나를 대신하여 그들을 깨우시는 파수꾼으로 세우심(렘6:17)
7) 항상 열매를 맺고 무엇을 구하든지 다 받게 하시려고 세우심
   = 서로 사랑하기 위해 세우심(요15:16-17)
   = 부르시고 세워주시는 여호와 하나님 앞에 세워져 가는
      ① 능력자, ② 증언자, ③ 기념자, ④ 선지자, ⑤ 부요자,
      ⑥ 파수꾼, ⑦ 오직 성령충만을 입은 자로 견고히, 존귀히 세워주심

소망

◉하나님께 자기 도움을 삼으며 자기 하나님께 소망을 두는 자는 복이 있도다(시146:5)

1) 성령의 위로의 소망(행9:31, 롬15:13)
    = 소망 중에 즐거워하며, 환난 중에 참으며, 항상 기도에 힘쓰라
2) 성령으로 믿음을 좇아 의의 소망(갈5:5)
3) 부르심의 소망(엡4:4), 위로와 좋은 소망(살후2:16)
4) 복스러운 소망(딛2:13)
5) 영생의 소망(딛3:7) 거짓이 없으신 하나님이 영원 전부터 약속
6) 산 소망(벧전1:3)
7) 주를 향하여 이 소망을 가진 자마다 그의 깨끗하심과 같이 자기를 깨끗하게 하는 소망(요일3:3)

♠ 소망을 갖는 자에게
1) 지혜와 총명으로 우리에게 넘치게 하심(엡1:18)
2) 담대히 말하노니(고후3:12)
3) 부끄럽게 아니함(롬5:5)
4) 인내는 연단을, 연단하여 정금같이 나오는 소망을 이룸(롬5:4)
5) 의인의 소망을 즐거움에 이르게 하심(잠10:28)
6) 나의 소망은 주께 있나이다(시39:7)
7) 어찌하여 낙망, 불안하여 하는고 오히려 찬송하리로다(시42:5)

소원을 이루는 자

1) 하나님이 생각하는 자(창30:22)

   = 눈물과 간구를 올리는 경건한 자의 소원을 들으심(히5:7)

2) 하나님의 언약 속에 세워지는 자(삼하23:5)

   = 만사를 구비하여 주심

3) 보시기에 심히 사랑스러운 자(에5:3)

   = 뜻을 정한 동행자

4) 겸손자(시10:17)

5) 여호와를 기쁘시게 하는 자(시37:4, 빌2:13)

6) 여호와를 송축하며 감사하는 자(시103:1-5)

7) 여호와를 경외하는 자(시145:19)

   ① 원망과 시비가 없이 하라(빌2:14)

   ② 네 길을 여호와께 맡기라 의지하라(시37:5)

   ③ 여호와 앞에 잠잠하고 참고 기다리라(시37:7)

   ④ 악한 꾀를 이루는 자 때문에 불평하지 말라(시37:7)

   ⑤ 분을 그치고 노를 버리며 불평하지 말라 오히려 악을 만들 뿐이라(시378:8)

   ⑥ 여호와를 소망하라(시37:9)

   ⑦ 풍성한 화평으로 즐거워하라(시37:11)

◆ 소원을 이루는 형통한 자

소유

◉**내 소유는 이것이니 주의 법도를 지킨 것이니이다**(시119:56)

1) 오벧에돔의 집과 모든 소유에 복을 주심과 같이 법궤를 모시는 집과 사역에 복을 주옵소서(대상13:14)
2) 요셉처럼 소유를 위임 주관하는 은혜를 주옵소서(창39:4)
    전국을 다스리는 성령의 감동을 소유하게 하옵소서(창41:40-44)
3) 곤경을 돌이키사 회복한 욥처럼 갑절의 소유의 복을 주옵소서(욥42:10)
4) 여호와를 인하여 은금이 증식되는 풍부한 소유의 복을 주옵소서(신8:13)
5) 발바닥으로 밟을 곳을 얻는 정복의 소유를 주옵소서(신11:24, 수1:3-4)
6) 주인의 소유를 맡는 맡기는 충성되고 지혜로운 종이 되게 하옵소서(마24:47)
7) 모든 민족 중에서 하나님의 소유가 되게 하옵소서(출19:5)

◆ 여호와를 위한 특별한 소유가 되게 하옵소서(시135:4)

손을 내밀라

1) 발붙일 곳을 찾지 못한 비둘기에게 손을 내밀어 방주 안 자기에게로 받아들이고(창8:9, 방주 안에서 손을 내미는 노아의 손)

2) 손을 내밀어 칼로 아들을 잡으려 하니(창22:10, 모리아산의 아브라함의 손)

3) 손을 내밀어 꼬리를 잡으라(출4:4, 그의 손에서 지팡이가 된지라-모세의 손)

4) 손을 들면 이기고~ 손을 붙들어 올렸더니 그 손이 해가 지도록 내려오지 아니한지라(출17:11, 아말렉 전투의 모세와 아론과 훌의 이기는 손)

5) 손을 내밀어 물매로 블레셋 사람의 이마를 치니(삼상17:49, 다윗의 손)

6) 무릎 꿇고 하늘을 향하여 손을 펴고 주야로 보옵소서 들으시옵소서 사하여 주옵소서 돌아보옵소서 확실하게 하옵소서(대하6:12-21, 손을 내밀어 기도하는 솔로몬의 손)

7) 손을 움켜 지지 말고 반드시 네 손을 펴서 그에게 필요한대로 쓸 것을 넉넉히 꾸어주는 손(신15:11)

◆ 손을 내밀라 손을 펴라

수축하라

◉터가 무너지면 의인이 무엇을 하랴(시11:3)
  하늘을 타고 광야에 행하시던 이를 위하여 대로를 수축하라
  (시68:4)

♠ 무너져 내릴 때
1) 자기 이름을 내고자 할 때(바벨탑, 창11:4)
2) 향락(소돔과 고모라, 창19:24)
3) 자기 마음을 제어하지 못할 때(잠25:28, 삼손, 사울 왕)
4) 주초를 반석 위에 세우지 아니하면(마7:27, 세상에 터를 닦는 자)
5) 스스로 분쟁하면(눅11:17)
6) 의논이 없으면 경영이 무너지고(잠15:22)
7) 악한 자의 입으로(악한 말, 잠11:11)

♠ 이제는 수축하는 자로! 수축하는 해로!
1) 기초를 수축하라(사58:12) - 기본, 기준을 다시 세우는 자
2) 돋우고 돋우라(사57:14)
3) 거치는 것을 제하라(사57:14) = 울타리를 세우라(스9:9)
4) 보수하라 - 점검하라(사58:12)
5) 길을 닦으라(사62:10)
6) 길에 기를 세우라(사62:10)
7) 성문으로 나아가라(사62:10)

숯불을 피우자!

1) 제단의 숯불: 그 때에 그 스랍 중의 하나가 핀 숯을 ~ 내 입술에 대며 ~ 네 악과 죄를 사하여 주시고 ~ 내가 여기 있나이다 나를 보내소서 고백하게 하시어 황폐한 땅에 남아 있는 거룩한 그루터기의 역사를 이루시는 정결의 숯불을 거룩함의 숯불을 피우자(사6:1-13)

2) 녹슨 가마의 숯불-녹슨 가마를 숯불 위에 놓아 고기를 삶아 녹이고 국물을 조이고 뼈를 태우고, 가마의 놋을 달궈서 더러운 것을 녹게 하며 녹(음란)이 소멸 되게 하는 숯불을 피우자 (겔24:10-14)

3) 로뎀나무의 숯불 - 갈 길 다 가지 못한 엘리야에 천사가 와서 머리맡에 피운 숯불로 구운 떡과 한 병의 물을 먹고 마시게 하여 어루만지며 이르되 일어나 먹으라 ~ 이에 먹고 힘을 얻어 사십 주야를 가서 하나님의 산 호렙에서 새 사명을 받은 엘리야(왕상19:6-8)

4) 말씀의 숯불 - 여호와의 코에서 연기가 오르고 입에서 불이 나와 사름이여 그 불에 숯이 피었도다(삼하22:9-13, 욥41:21)

5) 멜리데섬의 숯불-유라굴라 광풍을 만나 상륙한 자들에게 비가 오고 날이 차매 특별한 동정의 숯불을 피운 나무 한 묶음 속에 숨어 있는 독사를 떨어버리자(행28:1-5)

6) 원수 앞에 사랑과 화목과 축복의 숯불 - 네 원수가 주리거든 먹이고 목마르거든 마시게 하라 그리함으로 네가 숯불을 그 머리 위에 쌓아 놓으리라(롬12:20)

7) 광채로 말미암아 숯불이 피었도다(삼하22:13)

시온아 네 손을 늘어뜨리지 말라(습3:16)

1) 형벌을 제거하여 주시고 원수를 물리치신 구원을 베푸시는 전능자 여호와가,
   = 너희 가운데 계심(3:15,17)
2) 너로 말미암아 기뻐하시며 즐거워하심(3:17)
3) 너를 잠잠히 사랑하시고 계심(3:17)
4) 너를 괴롭게 하는 자 벌하여 주심(3:19)
5) 근심하는 자, 쫓겨난 자, 수욕받는 자를 다시 모아주심(3:18,19)
6) 사로잡힘에서 돌이켜 건져주심(3:20)
7) 천하 만민 가운데서 칭찬과 명성을 얻게 하심(3:20)
   ① 믿음의 손을 내밀라(행4:30)
   ② 기도의 손을 들라(출17:11)
   ③ 손을 움켜쥐지 말고 네 손을 펴라(신15:11)
   ④ 손을 얹으라(막16:18)
   ⑤ 손을 입에 대라(내 말을 네 입에 두었도다, 렘1:9)

♠ 네 손을 늘어뜨리지 말라
   ① 믿음의 손
   ② 기도의 손
   ③ 선교, 전도, 구제의 손
   ④ 치유의 손
   ⑤ 말씀의 손을 늘어뜨리지 않는 축복의 손

시23편, 여호와는 나의 목자시니

1) 부족함이 없으리로다(1)
   = 보장하시는 하나님

2) 누이시며 쉴만한 물가로 인도(2)
   = 보호하시는 하나님

3) 영혼 소생, 의에 길로 인도(3)
   = 보충하시는 하나님

4) 사망의 음침한 골짜기 지팡이나 막대기로 안위(4)
   = 보안하시는 하나님

5) 원수 목전에 상, 기름 부으심(5)
   = 보상하시는 하나님

6) 여호와 집에 영원히 살게 하심(6)
   = 보전하시는 하나님

7) 내 잔이 넘치나이다(5)
   = 부유케하시는 하나님

시145편

◉ **왕이신 나의 하나님이여 주를 높이고 영원히 주의 이름을 송축하리이다**(시145:1)

1) 날마다 주의 영원한 이름을 소리 내어 송축(시145:2)

2) 측량할 수 없는 주의 위대하심을 크게 찬양(시145:3)

3) 주께서 행하시는 능한 일을 크게 선포하며 찬양(시145:4)

4) 주의 기이한 일을 작은 소리로 읊조리며 송축(시145:5)

5) 주의 크신 은혜와 긍휼 베푸심을 기념하며 송축(시145:8)

6) 주의 지으신 것(모든 업적)을 감사하며 송축(시145:10)

7) 손을 펴사 모든 생물의 소원을 만족하게 하심을 송축(시145:16)

◆ 찬양하며, 읊조리며, 송축하며, 감사하며, 주의 나라의 업적을, 위엄있는 주의 영광을, 주의 통치를 모든 인생에게 송축하며 알리게 하옵소서

신앙

●믿음을 지키는 길

1) 그러나 신앙(사람의 죄악이 가득 마음, 생각, 계획 항상 악함)
   = 그러나 노아는 은혜를 입었더라
   = 그러나 이 모든 일에 욥이 범죄 하지 아니하고 하나님을 향하여 원 하지 아니하니라(욥1:22)
   = 그러나 주께서 용서하시는 하나님이라(느9:17)
   = 은혜로우시며 긍휼이 여기시며 더디 노하시며 인자가 풍성하시므로 그들을 버리지 아니하셨나이다(사41:8)

2) 그리하여도 신앙(고난 가운데서 여호와께서 그리하여도 나는 주께 의지하고 말하기를 주는 내 하나님이시라 고백, 시31:15-24)

3) 그리 아니하실지라도(단3:17, 다니엘의 세 친구)
   - 맹렬히 타는 풀무 불 가운데서 능히 건져 내시겠고 왕의 손에서도 건져 내심이라 그리아니하실지라도 왕의 금 신상에 절하지도 아니할 줄 아옵소서

4) 그럼에도 불구하고(왕의 어인이 찍힌 줄 알고도, 단6장)
   = 윗방에 올라가 창문을 열고 전에 하던 대로 하루 세 번씩 무릎을 꿇고 하나님께 감사하더라

5) 그리하면 신앙(말씀대로 되어짐을 믿는 신앙)
   ① 요15:7-원하는 대로 구하라 그리하면 이루리라.
      요16:24 - 내 이름으로 구하라 그리하면 이루리라. 기쁨이 충만
   ② 계2:10 - 죽도록 충성하라 그리하면 이루리라(생명의 관)
   ③ 빌4:6 - 감사로 아뢰자.
   ④ 갈5:16 - 성령을 따라 행하라 그리하면 육체의 욕심을 이루지 아니하리라.
   ⑤ 행2:38 - 회개하고 죄 사함을 받고 성령의 선물을 받으라.
   ⑥ 잠3:6 - 범사에 인정하라 그리하면 네 길을 지도하시리라.
   ⑦ 대하20:20 - 신뢰하라 그리하면 형통하리라.
   ⑧ 눅6:37 - 비판하지 말라 그리하면 비판을 받지 않을 것이라 용서하라 그리하면 용서를 받을 것이라.
   ⑨ 마6:33 - 먼저 그 나라와 그 의를 구하라 그리하면 이 모든 것을 너희에게 더하시리라.
   ⑩ 행16:31 - 주 예수를 믿으라 그리하면 너와 네 집이 구원을 받으리라.
      - 암5:4, 너희는 나를 찾으라 그리하면 살리라.

심는 자에게 주시는 복

◉심는 자에게 씨와 먹을 양식을 주시는 이가 너희 삼을 것을 주사 풍성하게 하시고 너희 의의 열매를 더하게 하시리니(고후9:10)

1) 복을 받음이 더하여 만민보다 우승하는 복(신7:14)

2) 셋 외에 세 성읍을 더하여 주시는 복(신19:19)

3) 베푼 인애가 처음보다 나중이 더하여 지는 복(룻3:10)

4) 장수와 평강이 더하여 지는 복(잠3:2)

5) 창성케 하시어 즐거움을 더하여 주시는 복(사9:3)

6) 있어야 할 것을 더하여 주시는 복(마6:33, 눅6:38)

7) 씨와 먹을 양식을 더하여 주시는 복(고후9:10)

심히

● 땅을 돌보사 물을 대어 심히 윤택하게 하시며(시65:9)

1) 심히 윤택하게 하심(돌보시고 물을 대어 가득하게 하시어 예비된 땅에 곡식을 주심)
2) 심히 번성(많게)케 하심(창17:6)
   = 토지의 소출이 심히 많게 하심(창41:47)
   = 재산을 심히 많게 하심(대하32:29)
   = 이방의 은금보화의 복이 심히 많이 모여지게 하심(슥14:14)
   = 그물에 고기가 심히 많게 하심(눅5:6)
3) 솔로몬처럼 심히 견고케(왕상2:12), 심히 크게(대상29:25), 심히 창대하게(대하1:1)
4) 심히 사랑스러워(매우 사랑스러워), 왕의 금홀을 잡아 소원을 이루게 하심(에5:2)
5) 심히 기쁘게 하심(요이1:4), 계명대로 진리를 행하게 하시어
6) 심히 큰 능력을 알게 하심(질그릇에 보배를 가지게 하신, 고후4:7)
7) 심히 간구하여 서로 믿음의 부족함을 보충하게 하심(살전3:10)
8) 선행과 구제하는 일이 심히 많게 하심(행9:36)

십자가

1) 십자가는 하나님의 큰 사랑
   ① 십자가에서 하나님이 주와 그리스도가 되게 하심(행2:36)
   ② 사람의 모양으로 나타나사 자기를 낮추시고 죽기까지 복종하셨으니 곧 십자가의 죽음이라(빌2:8)

2) 십자가는 새 사람
   ① 우리의 옛사람이 예수와 함께 십자가에 못 박힌 것은 죄의 몸이 죽어 다시는 우리가 죄에게 종노릇하지 하지 아니하게 하려 함이라(롬6:6)
   ② 그리스도 예수의 사람들은 육체와 함께 그 정욕과 탐심을 못 박았느니라(갈5:24)
   ③ 이제 내가 사는 것이 아니요 오직 내 안에 그리스도께서 사시는 것이라 하나님의 아들을 믿는 믿음 안에서 사는 것이라(갈2:20)

3) 십자가는 능력
   ① 멸망하는 자에게는 미련한 것이요 구원을 받은 우리에게는 능력이라(고전1:18)
   ② 한 몸으로 하나님과 화목하게 하시고 원수된 것을 십자가로 소멸하심(엡2:16)
   ③ 그리스도의 약하심으로 십자가에 못 박히심은 하나님의 능력으로 살아나게 하심(고후13:4)

4) 십자가는 화평
   = 땅에 있는 것이나 하늘에 있는 것들이 그로 말미암아 화목하게 되기를 기뻐하심(골1:20)

5) 십자가는(하나님 보좌 우편)의 승리다.
   ① 거스르고 불리하게 하는 법조문을 쓴 증서를 지우시고 제하여 버리사 십자가에서 통치자들과 권세들을 무력화하여 드러내어 구경거리로 삼으시고 십자가로 그들을 이기시어 (골2:14-15)
   ② 그 앞에 있는 기쁨을 위하여 십자가를 부끄러움을 개의치 아니하시더니 하나님 보좌 우편에 앉으셨느니라(히12:2)

6) 십자가는 복음이다.
   ① 예수 그리스도와 그가 십자가에 못 박히신 것외에는 아무 것도 알지 아니하기로 작정하였음이라(고전2:2)
   ② 복음을 전하는 것은 말의 지혜로 하지 아니함은 그리스도의 십자가가 헛되지 않게 하려 함이라(고전1:17)

7) 십자가는 심판이다
   -시체가 큰 성길에 있으리니 그 성은 영적으로 하면 소돔 애굽이라고도 하니 곧 그들이 주께서 십자가에 못 박히신 곳이라(계11:8)

◆ 자기 십자가를 지고 따르는 것이 합당하느니라(마10:38)
   자기를 부인하고 자기 십자가를 지고 따르는 것이니라(마16:24)
   날마다 나는 죽노라(고전15:31)

십자가 가상칠언

: 예수께서 십자가상에서 하신 일곱 말씀

1) 아버지여 저희를 사하여 주옵소서 자기의 하는 것을 알지 못함이니이다(눅23:34)

2) 오늘 네가 나와 함께 낙원에 있으리라(눅23:43)

3) (마리아에게) 여자여 보소서 아들이니이다.
   (요한에게) 네 어머니라(요19:26-27)

4) 엘리 엘리 라마 사박다니(나의 하나님, 나의 하나님 어찌하여 나를 버리셨나이까, 마27:46)

5) 내가 목마르다(요19:28)

6) 다 이루었다(요19:30)

7) 아버지여 내 영혼을 아버지 손에 부탁하나이다(눅23:46)

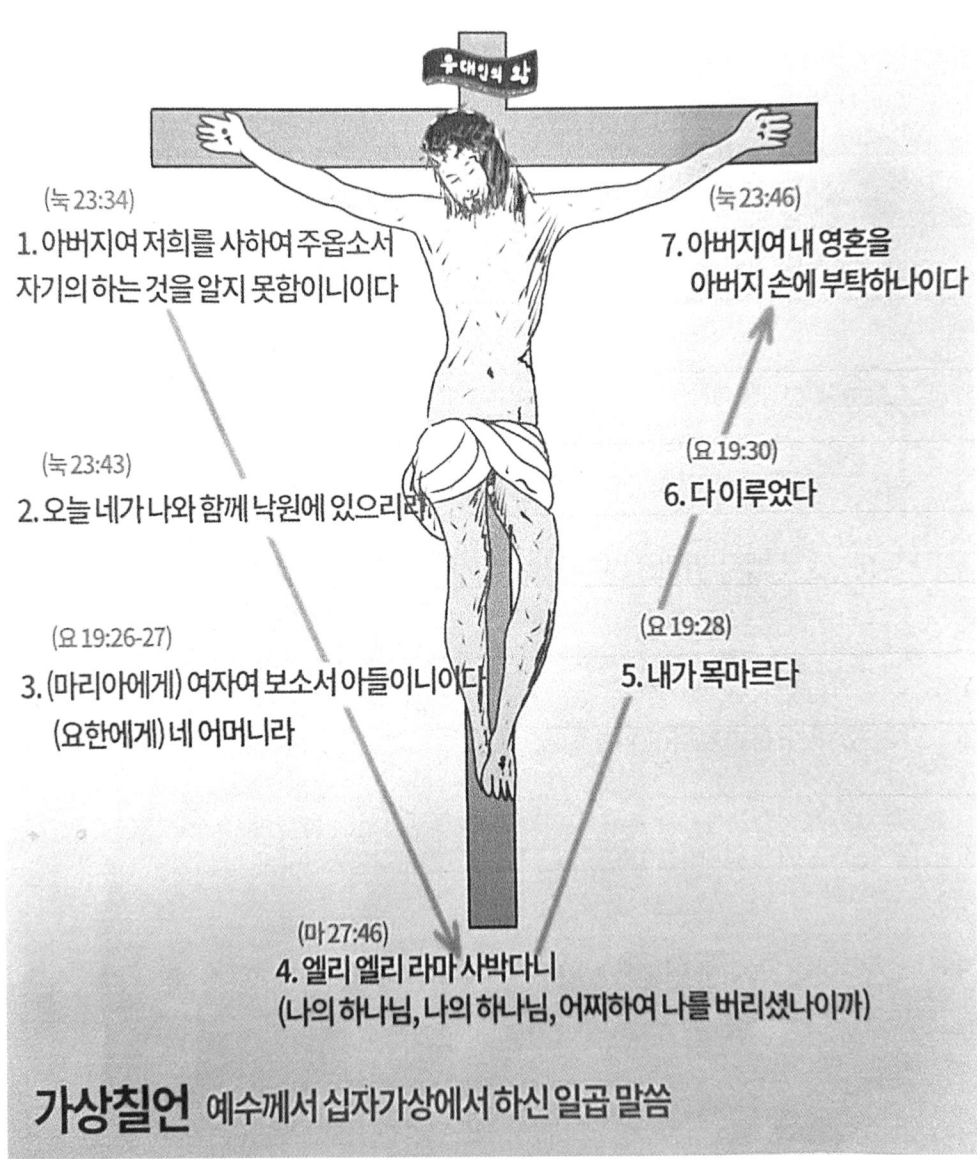

아름다운 신부의 모습

1) 나의 머리는 정결한 관을 쓴(슥3:5) 갈멜산(아7:5) 순금 같고(아 5:11)

2) 머리털은 깨끗한 양의 털 같게 하시며(단7:9, 계1:14)

3) 이마는 금강석같이(겔3:9)

4) 눈은 횃불같이(단10:6, 아7:4)

5) 코는 다메섹을 향한 레바논 망대 같게(아7:4)

6) 목은 상아 망대 같게(아7:4)

7) 손은 황옥을 물린 황금노리개 같게(아5:14)

8) 발은 암사슴 발 같게 하시며(시18:33, 합3:19)

9) 허리는 백합화로 두른 밑단 같게 하시어(아7:2)

10) 몸은 아로 새긴 상아에 청옥을 입힌 듯(아5:14)

아이 성의 승리

1) 여리고 승리는 침묵과 외침으로(수6:16)

2) 아이성의 실패는 방심과 탐심(수7:1) - 하나님의 진노하심으로
   = 여호와께 묻지 않음(수7:2)

3) 아이 성의 승리
   ① 여호수아는 여호와를 찾았다.
   = 옷을 찢고 엎드리고 티를 뒤집어쓰고 여호와께 물음(수7:6-9)

   ② 아간의 숨긴 것을 자복하고 쏟아놓았다(수7:19, 23)

   ③ 단창을 잡고 말씀대로 아이성을 가리켰다(수8:18)

◆ 방심, 탐심, 사심을 버리고 아이성을 회복하는 자!

아직

1) 한 병의 기름과 한 줌의 가루가 남았는데 - 골방에서(왕하4:7)
   - 사르밧 과부의 회복
2) 아직 말째가 남았는데(삼상16:1, 기름 부음 받은 다윗)
   = 아직 시위대 뜰에 갇혀 있는 예레미야(렘33:1-2)
3) 아직 성전의 불이 꺼지지 않았는데(삼상3:3-7)
   = 말씀을 듣는 어린 사무엘

4) 아직 흉년이 다섯 해가 남았는데: 창고를 여는 요셉(창41:56)

5) 사울의 집에 아직도 남아 있는 므비보셋의 회복(삼하9:2)

6) 아직 그루터기가 남아 있는 거룩한 씨의 회복(사6:13)

7) 아직 상거가 먼데: 탕자의 아버지 목을 안고 입을 맞추는 회복
   (눅15:20)

◆ 아직 끝이 아니라는 것을(마24:6) 알아라.
  아직 한 가지 부족한 것을(막10:2) 알아라.
  아직 깨닫지 못한 마음이 둔한 것을(막8:17) 알아라.
  아직도 마땅히 알 것을 알지 못하는 자임을(고전8:2) 알아라.
  아직 내가 얻었다함도, 온전함을 이루지못한 것을(빌3:12) 알아라.

아합 왕과 이세벨

◉그는 그 이전의 이스라엘 모든 왕보다 심히 이스라엘 하나님 여호와를 노하게 하였더라(왕상16:33)

♠ 아합: 북이스라엘 7째 왕

1) 맹신적인 바알 숭배자(예배 전 음행으로 흥분 - 비가 온다.)

2) 많은 추종 선지자를 포섭, 조정한 자

3) 우상과 제단을 세움

4) 오히려 죄를 가볍게 여김

5) 정략결혼을 하여 이세벨 우상 제단을 서게 함

♠ 이세벨의 영(계2:20)

1) 회개하지 못하게 함(거절의 마음)

2) 가르쳐 꾀어내 행음하게 함(남성 지배)

3) 우상의 제물을 먹게 함(타락)

♠ 이세벨의 영이 적용하는 자

　① 연예인, ② 패션, ③ 상아탑, ④ 정치가, ⑤ 전문적 음악

　⑥ 권위 목회, 설교자, ⑦ 관능적 여인, ⑧ 야망 찬 교회 지도자

　⑨ 상처받은 기독교인, ⑩ 하나님을 증오하며 욕하는 자

♠ 이세벨의 증오 대상

　① 겸손한 자

　② 기도하는 자

　③ 선지자

　　 섬기는 자

♠ 이세벨 대적 무기

　① 겸손(벧전5:5)

　② 합력기도(마18:19)

　③ 말씀 순종의 삶(벧전1:2)

　④ 성경(갈3:22; 4:30)

　⑤ 회개(계2:16)

◆ 개들이 이스르엘 성읍 곁에서 이세벨을 먹을지라(왕상21:23)

어찌

1) 우리 주의 이름이 온 땅에 어찌 그리 아름다운지요(시8:9)
2) 쌓아두신 은혜 베푸신 은혜 주의 행사가 어찌 그리 큰 지요 주의 생각이 매우 깊으시이다(시31:19, 92:5)
3) 주의 인자하심이 어찌 그리 보배로우신지요(시36:7)
4) 주의 장막이 어찌 그리 사랑스러운지요(시84:1)
5) 주의 하신 일이 어찌 그리 많은지요 부요가 땅에 가득하나이다(시104:24)
6) 주의 말씀이 어찌 그리 단지요 내 입에 꿀보다 더하니이다(시119:103)
7) 형제가 연합하여 동거함이 어찌 그리 선하고 아름다운지요(시133:1)

◎ 주의하고 명심할 일
　① 의와 불법이 어찌 함께 하며
　② 빛과 어둠이 어찌 사귀며
　③ 그리스도와 벨리알이 어찌 조화되며
　④ 믿는 자와 믿지 않는 자가 어찌 상관하며
　⑤ 하나님의 성전과 우상이 어찌 일치되리요(고후6:14-16)

◆ 믿지 아니하는 자와 멍에를 함께 메지 말라(고후6:14)

엎드림

1) 아브람이 엎드릴 때 하나님의 말씀이 언약이 임하셨음(창17:3)
2) 모세가 회막문에 엎드릴 때 여호와 영광이 나타남(민26:6)
3) 여호수아가 아간의 범죄로 아이성 패배때 엎드림으로 새 승리를(수7:6)
4) 룻이 엎드릴 때 은혜의 섬김과 만남의 복을 받음(룻2:10)
5) 엘리야와 엘리사의 엎드림으로 응답과 죽은 자를 살려내는 일을 감당하게 하심(왕상18:42, 왕하4:34)
6) 에스라의 성전 앞 엎드림 회개와 회복의 역사(스10:1)
7) 에스더의 엎드림, 하만의 악한 꾀를 이기게 하시고 민족을 살려냄(에7:3-4)
8) 욥은 고난 속에서 엎드림, 나중에 갑절의 복을 받음(욥1:20)
9) 동방박사 엎드림으로 경배와 예물 드림으로 기쁨으로 돌아가게 됨(마2:1)
10) 베드로의 엎드림으로 사명을 받음(눅5:10)
11) 고넬료는 엎드림으로 성령을 받음(행10:25)
12) 바울의 엎드림으로 변화와 능력을 받게 됨(행9:3)

◆ 귀한 하나님의 사람이시여! 언제 어디서나 무릎의(빠라크-복) 승리자가 되심을 성령님께서 보증하시고 계십니다.

엠마오에서 예루살렘으로(눅24장)

1) 눈이 밝아지고(31)

2) 마음이 뜨거워지고(32)

3) 평강이 선포되고(36)

4) 너무 기뻐지는 일이 일어나며(41)

5) 마음이 여러 성경을 깨닫게 되고(45)

6) 증인이 되고(48)

7) 능력이 임하고(49)

8) 축복이 임하고(50-51)

9) 큰 기쁨을 이루며(52)

◆ 성전(마음)에서 항상 찬송하는 회복의 삶 이루십니다!!

여섯 명의 마리아

1) 예수님의 어머니(눅48:1)
   = 만세의 복 있는 여인, 주님을 성령으로 잉태하여 낳은 자,
   = 사내를 알지 못한 정숙한 여인, 은혜를 받은 여인, 믿음의 여인(말씀대로 이루어짐을),(마1:18)
   = 겸손의 여인(주의 계집종이오니), 순종의 여인(무슨 말씀을 하시든지 시키는대로 하라)

2) 막달라 마리아
   = 일곱 귀신 들림에서 고침 받고(눅8:2), 주님을 사랑한 여인 (마28:1~2)

3) 베다니 마리아(눅10:39~42)
   = 옥합을 깨트린 헌신의 여인(나사로, 마르다, 마리아)
   = 주님께서 본래 사랑하는 가정(요11:5)

4) 알패오(글로바)의 아내(막15:40)
   = 증거하는 여인(부활의 주님을 전하는 자)
   = 끝까지 주님의 운명을 지킨 자, 무덤에 들어간 여인

5) 마가 요한(글로바의 누이)의 어머니(행12:12)
   = 그의 집은 최후 만찬을 가진 곳(요20:21),
   = 베드로 옥에 갇혔을 때 간절히 기도하며 기도처를 제공한 여인

6) 로마의 마리아(롬16:6)
   = 수고를 많이 한 여인,
   - 목회자를 돕는 여인

여호사밧의 신앙(대하20:1-30)

◉모압, 암몬, 마온 사람들이 치려할 때 브라가 골짜기의 전쟁에서

1) 여호와 앞에 섰다(찾았다, 13)

2) 여호와 앞에 엎드렸다(18)

3) 여호와를 의지하며 신뢰하였다(20, 신앙고백을 드림)

4) 여호와께 감사드림(21)

5) 여호와께 예복을 입고 찬송(19, 21)
   ① 말씀이 임함(14-15)
   ② 적군을 이기게 하여 즐거워하게 하심(27)
   ③ 재물을 취하게 하심(25)
   ④ 나라가 태평(30)
   ⑤ 사방에서 평강(30)

여호와께 나아오라(사55:1-13)

◉곤고하며 요동하며 안위를 받지 못한 자 목마른 자 돈 없는 자(사54:11; 55:1)

1) 흉년을 만난 자리, 누운 자리, 더 중한 자리, 실패한 자리, 오래된 자리, 구걸하는 자리에서 나아오라(나오미, 38년된 자리, 혈루증 자리, 베드로의 가야바뜰 고백, 바디메오 길가)
2) 들으라. 수고하는 자들아 듣고 들을지어다(사55:2~3)
3) 찾으라. 지금이 만날 때임을 인정하고 결단하라(사55:6)
4) 부르라. 가까이 계실 때(사55:6)
5) 돌아오라. 버리지 아니하면 돌아올 수가 없음(사55:7)

♠ 이리하면
1) 좋은 것 기름진 것으로 즐거워하게 하심(2)
2) 확실한 은혜를 주시어 언약을 매어 주심(3)
3) 긍휼을 베푸심(7)
4) 너그러운 용서를 받게 됨(7)
5) 소출과 종자와 양식을 주심(10)
6) 보낸 일에 형통하게 하심(11)
7) 평안으로 인도하시며 여호와의 기념이 되게 하심(12~13)

여호와께서 나를 위하여 보상하여 주심

◉여호와여 주의 인자하심이 영원하오니 주의 손으로 지으신 것을 버리지 마옵소서(시138:8)

1) 겸손과 경외함의 보상, 재물과 영광과 생명이니라(잠22:4)
2) 여호와의 제사장 여호와 하나님의 봉사자 - 다시 살고 다시 일으키시고 다시 증수되어 수치 대신 보상을 배나 받고 이방 나라의 재물과 영광을 얻어 자랑하게 되는 보상(사61:7)
3) 손을 늘어뜨리지 아니하여 세상에서 수욕을 받던 자리에서 기뻐하며 즐거워하게 되며 칭찬과 명성을 받는 보상(습3:19~20)
4) 내 혀를 악에서 금하며 내 입술을 거짓말에서 금하여 화평과 부족함이 없는 보상을 받는 자(시34:13~14)
5) 어떤 형편에서든지 자족하기를 배워 내게 능력 주시는 자 안에서 내가 모든 것을 할 수 있는 보상(빌4:13)
6) 하나님을 기쁘시게 하는 선교 예물을 드림으로 그리스도 예수 안에서 영광가운데 그 풍성한대로 너희 모든 쓸 것을 채워 주시는 보상(빌4:18-19)
7) 진리를 증언하며 진리 안에서 행하여 영혼이 잘 되고 범사가 잘 되고 강건하여지는 보상을 받는 자로 세워 주심(요삼2절)

◆ 천지를 지은 여호와께 복을 받는 자로 세워 주심을 감사 찬양 드립니다.

여호와는 내 편이시라

⦿ 내가 고통 중에 여호와께 부르짖었더니 여호와께서 응답하시고 나를 광활한 곳에 세우셨도다 여호와께서 내 편이 되사 나를 돕는 자중에 계시니(시118:5-7)

1) 고난 중에 응답하여 주심(5)

2) 광활한 (넓은 곳, 높은 곳)에 세우심(5)

3) 두려움이 없게 하심(6)

4) 미워하는 자에게 친히 보응해 주시고 애워싸는 것을 끊어주심(11)

5) 장막에 기쁜 소리와 오른손의 권능을 베푸심(15)

6) 죽지 않고 살아나게 하여 여호와의 행사를 선포하게 하심(17)

7) 여호와 십에서 숙복하시며 형동하고, 기뻐하게 하심(24-26)
    = 여호와를 신뢰하라(8-9)
    = 여호와께 감사하라(1, 19, 21, 29)
    = 여호와를 높이라(28)
    = 이제 형통하게 하소서(25)

여호와는 너를 지키시는 이시라

1) 그룹들과 두루 도는 불 칼을 두어 생명나무의 길을 지키심(창 3:24) - 구원의 길을 지키심
2) 모든 길을 천사들을 명하사 지키심(시91:11)
   ① 너와 함께 있어 어디를 가든지 지키며 이끌어 허락한 것을 다 이룰 때까지(창28:15)
   ② 황무지에서 짐승이 부르짖는 광야에서 만나시고 보호하시며 눈
   ③ 거룩한 자들의 발을 지키심(삼상2:9)
3) 영혼을 지키심
   ① 모든 환난을 면하게 하시며 영혼을 지키심(시121:7)
   ② 생명과 은혜를 내게 주시고 보살핌으로 내 영을 지키심(욥10:12)
4) 나의 산업과 잔의 소득과 나의 분깃을 지키심(시16:5)
5) 출입을 지금부터 영원까지 지키심(시121:8)
   ① 성 안에 평안을 궁중에 형통을 주시며(시122/7)
   ② 경내를(시147:14) 보호하시며
   ③ 정의의 길로 보호하시며 성도의 길을 보존하시며(잠2:8) 지키심
6) 인애와 정의를 지키시며(호12:6) 후대하시며 평안을 지키시는 (시116:7) 하나님
7) 언약을 지키시는 (시89:28, 34) 하나님
   아멘! 아멘!

♠ 어떤 자를 지켜 주시는가

1) 순진한 자를 지키심(시116:6)

2) 거룩한 자를 지키심(삼상2:9)

3) 주의 말씀을 분깃으로 삼고 지키는 자(시119/57)

4) 주를 신뢰하는 자(사26:3)

5) 계명을 지키는 자(느1:5)

6) 직분을 지키는 자(겔48:8)

7) 기름 부음 받은 자를(겔28:14)

♠ 우리가 지켜야 할 일
1) 성령이 하나 되게 하심을(주의 법) 힘써 지키는 일(엡4:3)
2) 생명의 근원이 되는 마음을 지키는 일(잠4:23)
3) 입을 지키는 일
   ① 입을 지키는 자는 자기의 생명을 보전하니라(잠13:3)
   ② 사람의 입에 열매로 인하여 복록을 누림(잠13:2)
   ③ 구부러진 말을 네 입에서 버리며 비뚤어진 말을 네 입술에서 멀리 하라(잠4:24)
   ④ 경우에 합당한 말은 아로새긴 은쟁반에 금사과니라(잠25:11)
   ⑤ 네 말이 내 귀에 들린 대로 맹세코 시행하리라(민14:28)

4) 자신의 발걸음을 지키는 일
   ① 나의 발걸음을 주의 말씀에 굳게 세워 어떤 죄악도 나를 주관하지 못하게 하소서(시119:133)
   ② 네 모든 길을 든든히 하라 네 발을 악에서 떠나게 하라(잠4:26-27)

5) 훈계를 굳게 잡아 놓치지 말고 훈계(교훈, 권면) 지키라(잠4:13)

6) 눈을 지키라
   ① 비늘이 벗겨져 새로 보는 눈을 가지고 네 눈꺼풀로 네 앞을 곧게 살피라(잠4:25)
   ② 믿음의 주여 우리를 온전케 하시는 주를 바라보자(히12:2)
   ③ 오직 주만 바라보나이다(대하20:12)
   ④ 내 눈을 열어 주의 기이한 법을 보게 하소서(시119:18)

7) 성령으로 내게 부탁한 아름다운 것을 지키라(딤후1:14)
   ① 네게 부탁한 것을 지키라(딤전6:20)
   ② 언약을 지키라(창17:9)

◆ 하나님이 우리를 위하여 더 좋은 것을 예비하셨은즉 우리가 아니면 온전함을 이루지 못하게 하려 하심이라

여호와를 경외하는 자들(시115:11)

1) 지혜의 근본(욥28:28, 시111:10)

2) 지식의 근본(잠14:27)

3) 지혜의 보응은 재물과 영광과 생명(잠22:4)

4) 너의 보배니라(사33:6 - 평안과 구원과 지혜와 지식이 풍성함)

5) 생명의 샘(잠14:27 - 사망의 그늘에서 벗어짐)

♠ 여호와를 경외한 성경의 인물

1) 노아, 방주 예비(히11:7)

2) 아브라함, 모리아산 인정(창22:12)

3) 이삭, 야곱의 고백, 야곱의 보상(창31:42)

4) 요셉, 용서(창42:18)

5) 히브리 산파의 집, 왕성(출1:21)

6) 오바댜, 사역(왕상18:3)

7) 욥, 순전(욥2:3) - 갑절 회복

8) 요나, 고백과 사명 회복(욘1:9)

9) 고넬료, 기도 상달(행10:35)

10) 느헤미야, 성전 재건(느3장)

♠ 경외하는 자의 보상과 응답
1) 항상 복을 받게 하심(신6:245, 시115:13)
2) 만사를 구비하여 견고하게 하시며 모든 구원과 모든 소원을 이루심(삼하23:3-5)
3) 모든 것에 부족함이 없게 하심(시34:9)
4) 둘러 진치고 건져주십니다(시34:7),
  = 모든 일에서 벗어나게 하심(전7:18)
5) 기를 주시고, 진리를 위해서 기를 달게 하시는 승리를 주심(시60:4)
6) 치료의 광선을 주심(말4:2)
7) 큰 환난 능욕 무너짐 불타버림에서 다시 재건되게 하시고 증수하게 하(느3장)

♠ 경외함은
1) 여호와의 인자하심을 바라는 것(시33:18)
2) 여호와를 앞에 모시고 사는 삶(시16:8)
3) 아버지의 뜻을 삼가 주의하며 준행하는 삶

여호와를 찾는 자

◉ **의인을 찾으시는 여호와**(벧전3:12)

♠ 여호와를 찾는 방법
1) 구하고 찾고 두드리는 것입니다(마7:7)
2) 날마다 찬송합니다(시22:26)
3) 계명(말씀)을 떠나지 않는 것입니다(시119:10)
4) 돌아가는 것입니다(욜2:9)
5) 위에 것을 찾는 새사람을 입는 것입니다(골3:1-10)
6) 말씀을 묵상합니다(시1:2; 19:14, 수1:18)
7) 선한 양심을 회복하는 것입니다(벧전3:21)

♠ 여호와를 찾는 자에게
① 만나주십니다(렘29:13, 대하15:4, 잠8:17)
② 모든 것을 깨닫게 하십니다(잠28:5)
③ 수치와 욕을 당하지 않게 하십니다(시69:6)
④ 사방에 평안을 주십니다(대하15:15)
⑤ 반드시 상을 주십니다(히11:6)
⑥ 모든 좋은 것에 부족함이 없게 하십니다(사55:11)
⑦ 뜻을 이루며 명하신 모든 일에 형통하게 하십니다(시34:10)

여호와 산에 오르신 예수님

◉또 산에 오르사 자기가 원하는 자들을 부르시니 나아온지라

 (막3:13~16)

1) 원하는 자를 부르시는 예수님(13)

2) 세우시는 예수님(14)

3) 함께 하시는 예수님

4) 보내시는 예수님(14)

5) 권능을 주시는 예수님(15)

6) 더하여 주시는 예수님(16)

7) 여호와 산에 오르신 예수님(13)

◆ 여호와 산: 손이 깨끗하고 마음이 청결하며 뜻을 허탄한 데 두지 아니하며 거짓 맹세치 아니하는 자로다(시24:3~6)

여호와 하나님은

1) 나의 목자 되시며(시23:1)
2) 나의 힘(능력)이 되시며(사18:1)
3) 나의 보증 되시며(사119:122)
4) 나의 찬송 되시며(렘17:14)
5) 나의 등불 되시며(시18:28)
6) 나의 위로자 되시며(삼하14:17)
7) 나의 소망 되시며(시71:5)

♠ 하나님(여호와)

1) 하나님의 마음: 오직 마음을 새롭게 변화를 받아 하나님의 선하시고 기뻐하시고 온전하신 뜻이 무엇인지 분별하며 사는 것(롬12:2)
2) 하나님의 생각: 재앙이 아니라 평안(렘29:9)
3) 하나님의 본심: 고생하게 하시며 근심하게 하심은 본심이 아니시로다(애3:33)
4) 하나님의 행하심: 너희에게 소원을 두고 원망과 시비가 없게 하시는 것(빌2:13)
5) 하나님의 소원: 모든 사람이 구원 받으려 진리를 아는데 이르는 것(딤전2:4)
6) 하나님의 뜻: 쉬지 않고 기도, 범사에 감사, 항상 기뻐하며 성령을 소멸치 않는 것(살전5:16~)
7) 하나님의 부르심: 부정하게 하심이 아니요 거룩하심이라(살전4:7)

역전을 일으킨 신앙의 인물들

◉그 산파들은 하나님을 경외하였으므로 하나님이 그들의 집안을 흥왕하게 하신지라(출1:21)

1) 모세를 알지 못하는 애굽의 새 왕의 학대와 살생에서 은혜를 베푸시어 그 백성은 번성하고 매우 강해지니라(출1:20)
2) 하만의 음모 속에서 유대인의 말살 정책에서 뜻을 정한 에스더의 역전 잔치(에5:4)
3) 바벨론 신하들의 다리오 법으로 사자 굴에 던져진 다니엘 이미 천사가 사자 입을 봉하고 다리오 왕으로 하나님을 찬양케 하는 승리(단6:23)
4) 골리앗의 하나님의 조롱 속에서 물맷돌로 만군의 여호와 이름으로 골리앗을 거꾸러뜨린 다윗(삼상17:51)
5) 흉년이 더할수록 그 땅에서 100배를 그리고 창대하고 왕성하여 마침내 거부가 되는 이삭(창26:12-13)
6) 스데반의 설교에 이를 갈고 돌을 던진 맞음의 아픔 속에서 천사의 얼굴로 그들을 용서하며 주님께 맡기는 스데반 집사(행6:7)
7) 병이 더 중하던 차에 옷자락을 내어 주신 주님의 은총으로 혈루 근원을 치유 받은 열두 해를 앓은 혈루증 여인(막5:25-29)
8) 핍박으로 흩어진 유대인 복음을 전할 때 비로소 그리스도인이라는 인정받는 초대교회 성도들(행11:19, 26)

예레미야에게 임하신 말씀(렘33:1~18)

1) 너는 내게 부르짖으라 크고 비밀한 일을 내게 보이리라(2)

2) 성읍을 치료하여 낫게 하며 평안과 진실을 풍성히 나타낼 것이라(6)

3) 포로에서 해방되어 처음과 같이 세우리라(7)

4) 성읍이 세계 열방 앞에서 기쁨과 찬송과 영광이 될 것이라(9)

5) 성읍에 베푼 모든 복과 모든 평안을 모든 백성이 듣게 하리라(9)

6) 기뻐하는 소리, 즐거워하는 소리, 감사제를 드리는 황폐한 곳에 다시 들리게 하리라(10~11)

7) 일러준 선한 말을 성취할 날이 이르게 하리라 양 떼가 다시 계수되며 안전하게 살 것이며 왕위가 견고해지며 예배가 끊어지지 아니하리라(13~18)

예수께 (잡힌 자)

1) 은혜에 붙잡힌 자(노아, 히브리 산파, 요셉, 룻)
2) 기도에 붙잡힌 자(한나, 느헤미야, 에스더, 다니엘, 베드로와 요한, 바울의 3년 반)
3) 말씀에 붙잡힌 자(에스라, 베드로, 요나(두번째))
4) 성령에 붙잡힌 자(요셉, 초대교회 성도와 일곱 집사, 바울)
5) 돈에 붙잡인 자(가룟 유다)
6) 의심에 붙잡힌 자(도마)
7) 이성에 붙잡힌 자(삼손)
8) 물질 욕심에 붙잡힌 자(아간, 게하시, 아나니아와 삽비라)
9) 시기 미움에 붙잡힌 자(사울 왕)
10) 평소 감정에 붙잡힌 자(요나)

♠ 주님께서 붙잡는 사람(붙들리는 자)
1) 부드러운 사람(모세: 부드럽게 해서 쓰심)
2) 겸손한 사람(약4:6)
3) 맡기는 사람(하나님을 앞에 모시고 사는 사람)
4) 붙들고 자신의 것을 넘기는 사람
5) 자신을 버리는 사람(위의 것을 찾는 사람)을 붙들어 주십니다.

◆ 말씀에, 성령에 갇힌 자 되어 오직 복음에 붙들린 자 되시길!

예수님의 교회(마16:13:20)

1) 신앙고백 위에 세워지는 교회(16)

2) 복을 받는 교회(17, 시115편: 의지, 신뢰함)

3) 변화가 있는 교회(18)
    = 죄인 – 의인,
    = 무익 – 유익,
    = 병듬 – 강건,
    = 가난 – 부요,
    = 받는 자 – 주는 자

4) 하늘 아버지께서 알려주는 교회(17, 하늘의 비밀을 간직한 곳)

5) 음부의 권세를 이기는 교회(18, 반석 위에)

6) 천국 열쇠가 있는 교회(19, 땅의 것을 푸는 교회)

7) 금과 흰옷과 안약이 있는 영생을 준비하는 교회(계3:18)
    ① 불로 연단한 금 – 믿음의 부요
    ② 흰 옷 – 벌거벗은 수치
    ③ 안약 – 눈을 발라보는

영광을 돌리게 하라

◉ 그리스도 예수 안에서 영광 가운데 그 풍성한대로 너희 모든 쓸 것을 채우시리라(빌4:9)

1) 너희 착한 행실을 보고 하늘에 계신 너희 아버지께 영광을 돌리게 하라(마5:16)
2) 말못하는 사람이 말하고 장애인이 온전하게 되고 다리 저는 사람이 걸으며 맹인이 보는 것을,
   = 무리가 보고 놀랍게 여겨(마15:31)
   = 이스라엘 하나님께 영광을 돌리니라
3) 내 말이 네가 믿으면 하나님의 영광을 보리라(요11:40)
4) 너희가 열매를 많이 맺으면 내 아버지께서 영광을 받으실 것이요(요15:8)
5) 우리가 아멘하여 하나님께 영광을 돌리게 되느니라(고후1:20)
6) 감사로 말미암아 은혜가 더하여 넘쳐서 하나님께 영광을 돌리게 하려 함이라(고후4:15)
7) 후한 연보로 말미암아 하나님께 영광을 돌리고(고후9:13)

◆ 모든 입으로 예수 그리스도를 주라 시인하여 하나님 아버지께 영광을 돌리게 하셨느니라(빌2:11)

예수님은

◉나는 네가 박해하는 예수라(행9:5)

1) 나는 하나님의 아들이라(요10:36)

　= 나는 내 아버지의 이름으로 왔다(요5:43)

2) 생명의 떡(요6:35)

3) 세상의 빛(요8:12, 12:46)

4) 양의 문(요10:7)

　= 심판의 주

5) 선한 목자(요10:11)

6) 길, 진리, 생명(요14:6)

　= 부활이요(요11:25)

　= 알파와 오메가라(계1:8)

7) 참 포도나무(요15:1)

예수님의 기도

1) 세례를 받으실 때(눅13:21)
2) 바리세인들과 첫 충돌을 하기 전(눅5:46)
3) 12제자 선택허실 때(눅6:12)
4) 나를 누구라고 하느냐 질문하시기 전(눅9:18)
5) 변화산에서(눅9:9)
6) 제자들에게 기도 가르치기 전(눅11:1)
7) 오병이어 이적 때(막6:41)
8) 나사로를 살릴 때(요11:4)
9) 겟세마네 동산에서(마26:39)
10) 십자가에서(눅23:34)

♠ 예수님의 기도 특징
1) 습관을 따라(눅22:39)
2) 결사적(마26:39, 눅22:44)
3) 반복적(눅22:46)
4) 솔직함(마26:37)
5) 아버지 뜻을 구하심(마26:39)
6) 방해를 통과(눅22:42)
7) 감사기도(요11:41)

예수님이 던지신 불

◉ **내가 불을 땅에 던지러 왔노니**(눅12:49)

1) 성령의 불(행2:3)

2) 말씀의 불(렘5:14, 신4:36)

3) 응답의 불(왕상18:36-38)

4) 축복의 불(레9:22-24)

5) 연단의 불(벧전1:7)

6) 심판의 불(벧후3:10, 말4:1) - 용광로 불, 풀무 불

7) 사명의 불(출3:2-4)

8) 소멸의 불(신4:24)

9) 영광의 불(대하7:1)

10) 혀의 불(약3:6)

예수 안에 거하라(요15:4)

♠ 예수님

① 생명(요1:4),   ② 영생(요6:23),   ③ 부활(요11:25),

④ 진리(롬8:1),   ⑤ 열매(요15:5),   ⑥ 하나님의 사랑(롬8:39),

⑦ 성령의 능력(롬15:13)

♠ 예수 안에 거하면

① 많은 열매를 맺어 영광을 받으신다(요15:8)

② 기쁨이 충만하여 제자가 된다(요15:8)

③ 진리의 성령을 보내사 증인 되게 하신다(요15:26)

④ 화목자가 된다(고후5:19)

⑤ 상속자가 된다(엡3:6)

⑥ 이기는 자가 된다(계2:11; 2:26; 3:5; 3:12; 21:7)

⑦ 성령의 능력이 임한다(롬15:13)

♠ 거하라

· 말씀 안에, · 기쁨 안에, · 성령 안에, · 믿음 안에,

· 평안 안에, · 사랑 안에, · 예수 이름 안에

예수의 피 밖에 없네

1) 피는 생명(요6:53, 신12:23)

2) 피는 새 언약
   = 너희와 세우신 언약(마26:28), 새 언약(롬5:9)
   ① 피 흘림 없이는 사함이 없느니라(히9:22)
   ② 예수의 피가 우리를 모든 죄에서 깨끗하게 하실 것이요(요일1:7)

3) 피는 표적
   = 너희가 사는 집에 있어서 너희를 위한 표적이니라(출12:13)

4) 피는 영생
   ① 피를 마시는 자는 영생을 가졌고 마지막 날에 다시 살게 하느니라(요6:54)
   ② 피로 말미암아 의롭다 하심을 받아, 진노하심에서 구원을 받을 것이니(롬5:9)

5) 피는 성령
   ① 물과 피로 임하신 예수 이는 성령이시니 성령은 진리니라 성령과 물과 피, 셋은 하나이니라(요일5:6)
   = 영원하신 성령으로 말미암아 너희 양심을 죽은 행실에서 깨끗하게 하고 하나님을 섬기게 함(히9:14)

② 피를 마시는 자는 내 안에 거하고 나도 그의 안에 거하나니
　(요6:56)

6) 피는 화평
　= 십자가의 피로 화평을 이루고 화목제물이 되셨느니라(골1:20)
　① 피로 말미암아 속량하시며(엡1:7)
　② 그 피로 그리스도 예수 안에서 가까워졌느니라(엡2:13)

7) 피는 교회
　= 하나님이 피로 사신 교회를 보살피게 하셨느니라(행20:28)
　- 예수의 피를 힘입어 성소에 들어갈 담력을 얻었나니(히10:19)

◆ 흠 없고 점 없는 어린 양 같은 보배로운 피로 된 것이니 예수 피 밖에 없네

오네시모의 변화(몬1장)

1) 갇힌 중 (로마 감옥)에서 낳은 아들(10)
2) 전에는 무익하였으나 이제는 유익한 사람(11)
3) 그는 내 심복이라(12)
4) 종이 아니라 사랑받는 형제로(16)

♠ 바울이 오네시모를 위한 간구
1) 그가 잠시 떠남은 그를 영원히 두게 하려 함을(15)
2) 네가 나를 동역자로 알진대 그를 영접하기를 내게 하듯 해 달라(17)
3) 불의와 빚진 것 있으면 내 앞에 계산하라(18)

♠ 바울의 고백
1) 빌레몬이 순종할 것을 확신하고 내가 말한 것보다 더 잘할 줄로 안다(21)
2) 나는 그리하여 기쁨이 되고 내 마음이 편안해진다(20)
3) 나를 위하여 숙소를 마련해 주고(22)
4) 너희 기도로 내가 너희에게 나아갈 수 있기를 바라는 고백(22)

◆ 만나의 축복과 변화

오늘부터

1) 오늘부터 범사가 잘 되고 형통의 복을 받습니다(학2:19 : 여호와의 말씀이 임하면)
2) 오늘부터 귀한 자로 명성이 납니다(신2:25, 2:7) 네가 하는 모든 일에 네게 복을 주시고 40년동안 너와 함께 하셨으므로 네게 부족함이 없었느니라(신2:7) 함께하여 주시는 언약을 붙들 때
3) 오늘부터 재물을 얻는 능을 받습니다(신8:18) 여호와를 기억(의지, 신뢰)하라 오늘부터 채워집니다(대상29:5)
4) 오늘부터 나는 행복자입니다(신10:13) 여호와의 요구를 준행하는 자(신10:12)
5) 오늘부터 후손이 복을 받습니다(신4:40) 말씀을 듣고 지키며 여호와 목전에서 선과 의를 행하면 너와 네 후손이 영구히 복이 있으리라(신12:28)
6) 오늘부터 견고하게 나라가, 왕위가, 보배로운 백성으로, 성민으로 세워주십니다(대상28:7 : 말씀을 힘써 준행하면) 보배로운 백성이 되게 하시고(신26:18) 모든 민족 위에 뛰어나게 하사 찬송과 명예와 영광을 삼으시고 성민이 되게 하십니다(신28:19)
7) 오늘부터 증인되게 하십니다(룻4:9, 행1:8) 오직 성령이 너희에게 임하시면

◆ 오늘부터, 지금부터입니다! 믿음으로! 말씀으로!
나는 내게 말씀하신 그대로 되리라고 하나님을 믿노라(행27:25) 선포하시면 그대로 됩니다!!!

오직 주만 바라보나이다(대하20:12)

1) 여호와 앞에 모든 사람들이 (아내, 자녀, 어린이) 여호와 앞에 섰다.
   = 여호와를 찾았다, 앞에 모셨다(대하20:13)

2) 여호와 앞에 엎드리며 경배하였다(대하20:18)

3) 여호와만을 의지하며 신뢰하였다(대하20:20)

4) 여호와께 감사하였다(대하20:21)

5) 여호와를 송축하였다(대하20:22, 26)
   ① 여호와 말씀이 임함(대하20:14-15)
   ② 주의 영이 임하여 방법과 길을 열어 주심(대하20:14-15)
   ③ 복병을 두어 적군을 이김으로 즐거워하게 하심(대하20:27)
   ④ 재물을 사흘 동안 가져갈 수 없을 만큼 취하게 하심(대하20:25)
   ⑤ 나라를 태평하게 하심(대하20:30)
   ⑥ 사방에 평강을 주심(대하20:30)
   ⑦ 브라가 골짜기의 승리 찬양의 축복의 삶을 주심(대하20.1-30)

◆ 주님 앞에 엎드려 봅니다

오히려 자기를 비우신 예수님

◉ **오히려 자기를 비워 종의 형체를 가지사 사람들과 같이 되셨고**(빌2:7)

♠ 자기를 비운 예수님 - 채워서 세워주신 예수님

1) 오히려 은혜 입은 자로 세우심
   ① 창39:4, 하나님이 그와 함께하시어 여호와께서 그의 범사에 형통하게 하심을 보게 하시는 은혜를 입히시어 섬기는 자로 세우심
   ② 룻2:10, 나는 이방 여인이거늘 당신이 어찌하여 내게 은혜를 베푸시며 나를 돌보시나이까?
   ③ 왕상3:6, 성실과 공의와 정직한 마음으로 주 앞에 행하므로 주께서 그에게 큰 은혜를 베푸셨고

2) 오히려 감사자로 세워주심
   ① 엡5:4, 누추함과 어리석은 말이나 희롱의 말이 마땅치 아니하니 오히려 감사하는 말을 하라
   ② 시30:12, 여호와 하나님이여 내가 주께 영원히 감사하리이다(요나, 다니엘, 하박국, 바울)

3) 오히려 위로자로 세우심
   ① 욥6:10, 그칠 줄 모르는 고통 가운데서도 말씀을 거역하지 아니하게 하시어 기뻐하는 자로 오히려 위로를 받게 하심
   ② 사40:1, 내 백성을 위로하라

4) 오히려 소망이 있는 자로 세우심

① 애3:19-21, 고초와 재난과 곧 쑥과 담즙에서 낙심될 때 마음에 기억하고 담아두었더니 오히려 나의 소망이 되었도다

② 롬15:13, 성령의 능력으로 소망이 넘치게 하시기를 원하노라

5) 오히려 감당하는 자로 세우심

① 수14:11, 오늘도 내가 여전히 강건하니 내 힘이 그때나 지금이나 같아서 싸움에나 출입에 감당할 수 있으니

② 고전10:13, 시험당할 즈음에 또한 피할 길을 내사 너희로 능히 감당하게 하시느니라

6) 오히려 축복자로 세우심

① 롬12:14, 너희를 박해하는 자를 축복하라

② 롬15:29, 그리스도의 충만한 복을 가지고 갈 줄을 아노라

③ 눅11:28, 오히려 하나님의 말씀을 듣고 지키는 자가 복이 있느니라

7) 오히려 기뻐하는 자로 세우심

- 벧전1:6, 너희가 이제 여러 가지 시험으로 말미암아 잠깐 근심하게 되지 않을 수 없으나 하나님의 능력으로 보호하심을 받아 크게 기뻐하는 자라

◆ 십자가에서 다 이루신 예수님

옮겨 주신 예수님(요일3:14)

1) 흑암 권세에서 사랑의 나라로(골1:13)
2) 사망에서 생명으로(요5:24)
3) 저주에서 생명으로(갈3:13)
4) 영벌에서 영생으로(마25:46)
5) 가난에서 부요로(약2:5)
6) 무능에서 능력으로(사40:29)
7) 슬픔에서 기쁨으로(사35:10)
8) 원망에서 감사로(빌2:14)
9) 환난에서 위로로(고후1:4)

♠ 옮겨 주실 때
1) 회개할 때(계2:5), 2) 형제 사랑(요일3:14), 3) 기도와 간구(빌4:6)
4) 믿음으로(마21:21), 5) 하나님을 기쁘시게(히11:5),
6) 순종할 때(롬5:19)

♠ 옮겨진 삶의 태도
① 기도를 그치지 말라(행5:48)
② 범사에 합당히 행하여 하나님을 기쁘시게(살전2:12)
③ 모든 선한 일에 열매를 맺음(골1:10)
④ 아는 것에 더욱 성장(골1:9)
⑤ 오래 참음으로 사랑 가운데서 용납(엡4:2)

왕 되신 주

1) 왕의 수라상을 차리는 복(창49:20, 아셀, 느1:11, 느헤미야)

2) 왕의 사위가 되는 복(삼상18:22, 다윗)

3) 항상 왕의 상에서 함께하는 복(삼하9:13, 므비보셋)

4) 왕의 어전 뜰에서 왕의 금규를 가까이 가서 만지는 복(에5:2, 에스더, 왕하4:8, 수넴여인)

5) 왕의 인장 반지를 끼우는 자(창41:42, 요셉)

6) 왕의 위엄을 심히 크게 부여 받는 자(대상29:23-25, 솔로몬)

7) 왕의 혼인 잔치에 예복을 입는 자(마22:11), 두루마리를 빠는 자들은 복이 있는 자(계22:14)
   = 세마포 옷을 입는 자는 옳은 행실이로다(계19:8)

◆ 왕이 네 아름다움을 사모하실지라 그는 네 주인이시며 너는 그를 경배할지어다(시45:11)

왕이신 나의 하나님

◉**왕이신 나의 하나님이여 내가 주를 높이고 영원히 주의 이름을 송축하리이다**(시145:1)

  왕이 네 아름다움을 사모할지라 그는 네 주인이시며 너는 그를 경배할지어다(시45:11)

  나의 왕 나의 하나님이여 내가 부르짖는 소리를 들으소서 내가 주께 기도하나이다(시5:2)

♠ 왕을 만난 자

1) 아브라함이 평강의 왕 멜기세덱을 만나 십의 일을 드리는 축복(창14:18-20)
2) 요셉이 감옥에서 나와 애굽의 왕을 만나 왕의 반지를 끼고 모든 양식의 창고를 여는 치리자로 세워짐(창41:56, 마지막 때 때를 따라 양식을 나눠 줄 자가 되어짐, 마24:45)
3) 모세가 애굽의 바로왕을 만나 애굽 사람의 무거운 짐 노역에서 빼내며 건지며 맹세한 땅으로 인도하는 민족의 지도자로 세워주심(출6:6-7)
4) 다윗이 사울 왕을 만나 왕의 사위가 되며(삼상18:18) 나아가 이스라엘의 목자가 되며 이스라엘 주권자(왕)이 됨(대상11:2-3)
5) 왕족에서 죽은 개 같은 형편이 된 므비보셋이 다윗왕을 만나 왕자 중의 하나처럼 왕의 상에서 평생 먹는 회복(삼하9:8, 느2:10, 느헤미야의 재건 운동)
6) 블레셋에 7년 동안 떠나 다시 있던 곳에서 돌아온 수넴 여인이 왕을 만나 떠날 때부터 이제까지 그의 밭의 소출을 다 돌려

받는 수넴 여인의 보상의 축복(왕하8:6)
7) 왕의 어전에서 심히 사랑스러워 왕의 금규를 만지어 요구와 소원을 이루어 낸 에스더(스5:2, 민족의 위기를 구해낸 에스더)

♠ 만왕의 왕 예수를 만난 나, 이제부터
1) 날마다 주의 이름을 크게 찬양하게 하옵소서(시145:2)

2) 대대로 주의 행사를 광대하심을 선포하게 하옵소서(시145:4~6, 9)

3) 주의 크신 은혜를 기념하게 하옵소서(시145:7, 17)

4) 모든 것을 감사하게 하옵소서(시145:10)

5) 손을 펴사 소원을 만족하게 이루게 하옵소서(시145:16, 19)

6) 붙드시고 보호하시고 일으켜 주옵소서(시145:14, 20)

7) 주의 통치만 대대로 이르게 하시며 모든 자에게 알게 하옵소서(시145:12~13)

◆ 왕을 내 앞에 모심이여!

욥의 신앙과 갑절 회복

◉ 순전하고 정직하고 악에서 떠난 여호와를 경외한 욥, 고난과 재앙 속에서(욥1:1-12)

1) 엎드려 찬송을 드렸다(욥1:21)
2) 어리석게 원망하지 않음(욥1:22)
3) 입술로 범죄하지 않음(욥2:10)
4) 말씀을 거역하지 않음(욥6:10)
5) 믿음의 신앙고백을 드림 단련하신 후 정금같이 나옴(욥23:10)
6) 기도를 잃지 않음(욥23:26)
7) 전능하신 여호와를 높임(욥42:2)
8) 회개와 용서와 축복의 기도를 드림(욥42:10)
    ① 전보다 갑절의 소유를 회복 받음(소산의 복)
    ② 자녀, 아름다운 딸, 모든 자녀들에게 산업을 주는(상속의 복)
    ③ 장수의 복(190세 이상 기한을 채우며 자손 번성의 복을 누림)

◆ 주님께서 회복해주십니다. 단련하심 감사 감사!
측량할 수 없는 큰일, 셀 수 없는 기이한 일을 행하십니다(욥5:9, 9:10)
문제 속에 던지고 계십니다. 이제는 순종입니다.

우물 물(샘)아 솟아나라!

◉ 우물 물아 솟아나라 너희는 그것을 노래하라(민21:17)

1) 다툼이 없는 르호봇(넓고 번성의 다툼이 없는)의 우물(창22:25)

2) 하늘의 이슬이 내리는 야곱의 샘(신33:28)

3) 무성한 가지를 이루는 요셉의 원천의 복을 여는 깊은 샘(창49: 22,25)

4) 치유와 열두 샘, 70 종려나무가 있는 장막의 엘림의 샘(출15:27)

5) 복을 여는 갈렙에게 허락된 윗 샘과 아랫 샘(수15:19)

6) 정신이 회복되는 삼손의 레히샘(삿15:19)

7) 히스기야 왕을 형통하게 하신 기혼의 윗 샘(대하32:30)

♠ 생명수 샘물을 목마른 자에게 값없이 주십니다(계21:6)
눈물을 씻어 주는 생명수 샘(계7:17)에 인도하십니다.
새 우물, 은혜의 우물, 번성의 우물, 치유의 우물, 축복의 우물, 회복의 우물, 형통의 우물 솟아나게 하십니다.

윤 택

1) 여호와를 경외하며 악을 떠나는 자 : 네 몸의 양약이 되며 네 골수를 윤택하게(잠3:8, 욥21:24)

2) 눈이 밝은 것은 마음을 기쁘게 하고 좋은 기별은 뼈를 윤택하게(잠15:30)

3) 구제를 좋아하는 자는 풍족하여질 것이요 남을 윤택케 하는 자는 자기도 윤택하게(잠11:25)

4) 땅을 돌보사 물을 대어 땅이 심히 윤택하게(시65:9)

5) 사람의 마음을 기쁘게 하는 포도주와 사람의 얼굴을 윤택하게(시104:15)

6) 윤택한 초장의 가축떼(겔45:15)

7) 얼굴이 더욱 아름답고 살이 더욱 윤택하게(단1:15)

◆ 성령의 사람들은 모든 것에 윤택합니다.

은밀한 곳에 숨기시는 하나님

◉ 여호와께서 환난 날에 나를 그의 초막 속에 비밀히 지키시고 그의 장막 은밀한 곳에 나를 숨기시며 높은 바위 위에 두시리로다(시27:5)

1) 역청 바른 방주 안에(창6:18)

2) 벌여 놓은 삼대 지붕 안에(수2:6)

3) 찧은 곡식을 널어 덮은 우물 안에(삼하17:19)

4) 비가 오지 않는 기근과 흉년에 그릿시내가로(왕상17:3)

5) 빚의 문제를 해결해야 하는 선지자의 아내와 두 아들을 빈 그릇에 기름 붓는 골방으로(왕하4:4, 마6:6)

6) 항상 섬기는 하나님께서 다니엘을 사자 굴에(단6:16)

7) 바다에 넌져진 요나를 큰 물고기 뱃속으로(욘1:17, 2:1)

◆ 지금 있는 곳에서 비밀히 지키시고 은밀히 숨기시어 높이시어 쓰임 받는 자로 세워 가심을 찬양합니다.

은혜를 입는 자

◉은혜는 전적인 하나님의 긍휼의 띠와 인자하심의 면류관이다.

1) 은혜를 받은 자(눅1:28)

2) 기도하는 자(삼상1:17)

3) 말씀대로 이뤄짐을 믿는 자(눅1:37)

4) 뜻을 정해 결단하는 자(룻2:2)

5) 꿈(비전)이 있는 자, 포기하지 않는 자(창39:4,21)

6) 겸손한 자(약4:6)

7) 사모하는 자(고전12:31)

♠ 은혜를 입은 자에게

① 사명을 주심(마리아, 바울)

② 고난을 주시며 통과하게 하여 주심(룻, 요셉)

③ 말씀 중심으로 살아가게 하심(노아 방주 : 구원)

④ 두려워하지 않게 하심(히브리 산파, 다니엘, 라합)

⑤ 성령이 임함(지극히 높으신 이의 능력으로 덮어주심, 눅1:35)

⑥ 좋은 소문, 좋은 만남, 좋은 일, 좋은 상급과 보상을 허락하여 주심(룻, 에스더, 다니엘)

⑦ 섬김의 축복을 주심(출23:25, 양식과 물에 복을 주시어 모든 병을 제거하며 날수를 채워주시며, 임신 못 하는, 낙태하는 일이 없게 하시며, 모든 대적을 쫓아내어 주심)

이기는 자

1) 포도원을 허는 작은 여우(틈을 막아)를 잡아라(아2:15)

2) 아말렉(약탈자), 손을 들라(출17:11,16)

3) 골리앗(싸움을 돋우는 자)을(삼상17:4, 49)
   = 익숙한 물맷돌과 만군의 여호와의 이름으로

4) 강퍅한 바로 왕을(출4:21)

5) 브닌나(삼상1:6), 들릴라(삿16:20), 이세벨(간교한, 왕상19:2)

6) 아간(탐심, 수7:1),

7) 나발(완악하고 불량한 자, 삼상25:25)

   ♠ 이기는 자에게
   ① 만국을 다스리는 권세(계2:26)
   ② 성전의 기둥(계3:10-12)
   ③ 낙원의 생명나무 과실을 먹게 하심(계2:7)
   ④ 하나님과 천사들 시인(계3:5)
   ⑤ 둘째 사망의 해를 받지 아니함(계2:11)
   ⑥ 감추인 만나와 새 이름을 기록한 흰 돌을 주심(계2:17)
   ⑦ 하나님 보좌에 함께 앉게 하심(계3:27)

이삭의 7대 축복

◉**흉년 때 말씀에 결박 받은 이삭의 7가지 언약의 축복**(창26장)

1) 방향 제시의 복(창26:2)

2) 함께 하시는 임마누엘 거주의 복(창26:3)

3) 자손의 번성과 자손으로 천하 만민이 받는 복(창26:4)

4) 가정이 보호받는 복(리브가 보호, 창26:10-11)

5) 흉년 때 백배를 얻고 창대하고 완성하여 마침내 거부가 되는 복(창26:12-13)

6) 시기와 다툼에서 벗어나 세바의 우물을 얻어 대적에게 잔치를 베푸는(창26:30-31) 승리의 복

7) 그랄에서 온전한 순종으로 브엘세바(가나안)로 올라가는 정착의 복(창26:23)과 하나님이 함께 하는 것을 분명히 보여주는 복

◆ 말씀에 동행입니다. 말씀에 결박입니다. 말씀에 순종입니다.

이제는

◉ **이제는 여호와를 경외하며 온전함과 진실함으로 그를 섬기라**(수24:14)

1) 이제 내가 사는 것이 아니요 오직 내 안에서 그리스도께서 사신 것이라 하나님의 아들을 믿는 믿음 안에서 사는 것이라(갈2:20)

2) 내가 달려갈 길과 주 예수께 받은 사명으로 달려가는 자(행20:24)

3) 고난 당하기 전에는 그릇 행하였더니 이제는 주의 말씀을 지키는 자(시119:67)

4) 이방인 가운데서 저주가 되었으나 이제 내가 구원받아 복이 있는 자(슥8:13)

5) 이제는 주는 자(눅1:38)

6) 이제는 화목자(욥22:2)
   = 하나님과 화목하고 평안하라.

7) 이제는 모든 일에 원망과 시비가 없이 하는 겸손한 자(빌2:14)

이제, 형통하게 하소서

●**여호와여 우리가 구하옵나니 이제 형통하게 하소서**(시118: 25)

1) 네가 무엇을 하든지, 어디로 가든지 형통하게 하옵소서(왕상2:3)
   ① 하는 모든 일에(신29:9),
   ② 행하는 길에(창24:42),
   ③ 가는 길에(수1:7)

2) 임마누엘 되시어 범사에 형통하게 하옵소서(창39:2-3, 요셉)

3) 사방에 평안과 성읍이 형통하게 하옵소서(대하14:7, 성전건축 - 스6:14)

4) 받들어 높이 들려서 지극히 존귀하게 되는 형통을 주옵소서 (사52:13)
   = 주의 종들을 택하신 자들을(시106:5)

5) 성 안에 평안이 궁중에 형통함이 풍성하게 하여 주옵소서(시122:7)

6) 손이 수고한대로 복되고 형통하게 하여 주옵소서(시128:2)

7) 하나님의 기쁘신 뜻을 이루며 하나님께서 보낸 일에 형통하게 하여 주옵소서(사55:11)

♠ 그의 형통함과 그의 아름다움이 어찌 그리 큰지요(슥9:17)

○ 죄인의 형통을 부러워하지 말고(잠23:17)

○ 악인의 형통을 부러워하지 말고(잠24:1)

○ 죄를 숨기는 자는 형통하지 못하고(잠28:13)

○ 원수들의 형통을 부러워하지 말고(애1:5)

① 말씀을 지키면(신29:9)

② 은혜를 입어 섬기면(창39:4)

③ 선지자를 신뢰하면(대하20:20)

④ 여호와를 찾으며 한마음으로 행하면(대하26:5, 31:21)

⑤ 순종하여 섬기면(욥36:11)

⑥ 여호와를 경외하며 항상 기뻐하며 깨어 정신을 차리고 근신하여 기도하면(느1:11, 벧전4:7)

⑦ 여호와 앞에 잠잠하고 참고 기다리면(시37:7)

◆ 여호와여 주의 종들을 이제부터 형통하게 오늘부터 형통하게 하십시다

인자로 오신 예수 그리스도

◉ 인자의 권세를 알게 하려 하노라(마9:6)

1) 머리 둘 곳이 없이 오심(마8:20)
2) 안식일의 주인으로 오심(마12:8) 왕권을 가지고 오심(마16:28)
   = 권능의 우편에서 하늘 구름을 타고 오심(마26:64)
3) 고난을 받으러 오심(마17:12), 기록된 대로(막14:21), 작정 된 대로 오심(눅22:22)
4) 목숨을 많은 사람의 대속물로 주시며 섬기러 오심(마20:28)
5) 잃어버린 자를 찾아 구원하려 오심(눅19:10)
   = 죄를 사하시는 권세를 가지고 오심(막2:10)
6) 만민을 다스리며(요17:2), 심판하는(요5:27) 권세자로 오심
7) 좋은 씨를 뿌리러 오심(마13:37), 또한 교회 촛대 사이에 다니시러 오심(계1:13)

♠ 인자로 오신 예수 그리스도로 말미암아

1) 하나님의 자녀가 되는 권세를 얻음(요1:12)
2) 하나님 나라와 땅의 권세를 주시어 모든 족속으로 제자를 삼아
   = 성령의 이름으로 세례를 주는 권세를 얻음(마28:18-20, 단2:37)
3) 열 고을을 다스리는 권세를 얻음(눅19:17)
4) 부귀가 크고 강하게 되는 권세와 능력을 얻게 하심(대상29:12)

인정받는 자

1. 하나님을 경외하는 자로 (아브라함) (창 22:12)

2. 하나님이 함께 하는 자로 (이삭) (창 26:28)

3. 여호와 신에 감동된 자로 충만한 자로 (요셉) (창 41:38)

4. 하나님의 사람으로 (이제야 당신은 하나님의 사람으로 : 엘리야) (왕상 17:24)

5. 뜻을 정한 사람으로 승리하는 자로 (다니엘) (단 1:8)

6. 하나님 마음에 합한 자로 택한 그릇으로 (다윗, 행 13:22, 바울, 행 9:15)

7. 부끄러울 것이 없는 일꾼으로 (딤후 2:15)

일곱

◉일곱은 온 세상에 두루 다니는 여호와의 눈이라 하니라(슥 4:10)

여섯 가지 환난에서 건지시며 일곱까지 환난이라도 그 재앙이 네게 미치지 않게 하시며(욥5:19)

1) 각 성읍에 일곱 흉년을 대비하는 일곱 풍년 예비 저축(창41:34)
2) 한 주중 정한 날을 정해 일곱 양각 나팔을 불으며 일곱 번 도는 승리(수6:6,15)
3) 요단강에 (말씀, 성령) 일곱 번 씻으라 말씀에 일곱 번 완전히 잠그는(왕하5:14), 회복되어 깨끗하게 되었더라(일곱 치유)
4) 산꼭대기로 올라가서 땅에 꿇어 엎드려 얼굴을 무릎 사이에 넣고 일곱 번까지 기도하며 다시 기도하며 다시 가라 작은 구름을 띠우는 응답(왕상18:44)
5) 하루 일곱 번씩 주를 찬양하여(시119:164) 큰 평안과 장애물을 없애는 주의 법을 사랑하는 찬양(시119:165)
6) 다시 일어나려니와(잠24:16), 도전: 의인은 일곱 번 넘어질지라도 다시 일어나려니와
7) 만일 하루에 일곱 번이라도 죄를 짓고 일곱 번 돌아와 회개하거든 너는 용서하라(눅17:4)
   = 일곱 번을 일흔 번까지라도 용서(마18:21)

일을 행하시는 여호와

◉ 측량할 수 없는 큰일을 셀 수 없는 기이한 일을 행하시느니라(욥9:10)

1) 일을(기도의 응답을) 만들어 성취하십니다(렘33:2-3)
   = 내게 부르짖으라
2) 맹세하여 하십니다(사14:24)
   = 생각과 경영 결정(욥22:28), 계획(욥42:2), 작정을(욥23:14), 관계된 것을(시138:3) 맹세하여 하십니다. 확신과 믿음을 갖게 하옵소서.
3) 앞서서 모든 일을 행하십니다(신1:30)
   = 오직 여호와를 기억하고 기대하고 기념되는 자가 되게 하옵소서.
4) 반드시 복 주고 번성케 하십니다(히6:14)
   = 말씀 붙들리어 인내하는 자 되게 하옵소서.
5) 원하는 대로 이루어 주십니다(요15:7)
   = 말씀 안에, 주 안에 거하는 자 되게 하옵소서.
6) 네 말이 네 귀에 들린 대로 행하여 주십니다(민14:28)
   = 성령에 감동된 자 되게 하옵소서.
7) 소원을 두고 행하십니다(빌2:13, 시37:4)
8) 인자하심으로 기적을 행하십니다(시107:8)
9) 낮에는 구름기둥, 밤에는 불기둥 가운데에서 그들 앞에 행하십니다(민14:4)
10) 성령을 주시고 우리 가운데서 능력을 행하심(갈3:5)

임마누엘

⦿ **그의 이름을 임마누엘이라 하라 이를 번역한즉 하나님이 우리와 함께 계시다 함이라**(마1:23)

1) 네가 무슨 일을 하든지 너와 함께 하시어 여호와 이름을 부르는 자로 세우심(창21:22): 야곱

2) 너와 함께 계심을 분명히 보게 하시고 계약을 맺은즉 르호봇의 우물을 얻게 하심(창26:22): 이삭

3) 너를 지키며 너를 이끌어내서 허락한 것을 다 이루기까지 너를 떠나지 아니하리라(창28:15): 야곱

4) 함께 하심을 보며 범사에 형통하게 하시며 위임자, 치리자, 주관자로 세워주심(창39:3): 요셉

5) 내가 너와 함께 있어 너를 보낸 증거니라(출3:12): 모세

6) 함께 하시어 떠나지, 버리지 아니하시며 평생 너를 능히 당할 자 없게 하심(수1:5): 여호수아

7) 세상에 존귀한 자의 이름같이 네 이름을 존귀케 만들어 주심(왕상11:38): 다윗

♠ 함께 하는 자

1) 마음이 겸손한 자(사57:15)

2) 선을 구하는 자(암5:14)

3) 분부한 모든 것을 가르치며 지키는 자(마28:20)

4) 시작할 때 확실한 것을 끝까지 견고히 잡는 자(히3:14)

5) 믿음으로 말미암는 자(갈3:9)

6) 성령 안에서 지어져 가는 사람들(엡2:22)

7) 하나님의 능력으로 살아가는 자(고후13:4)

◆ 함께 하는 자에게 부족함이 없게 하십니다(신20:14)

입술

⦿입술의 열매를 짓는 나 여호와가 말하노라 먼데 있는 자에게든지 가까운데 있는 자에게든지 평강이 있을지어다 평강이 있을지어다 내가 그를 고치리라 하셨느니라(사57:19)

1) 세상에 금도 있고 진주도 많거니와 지혜로운 입술이 더욱 귀한 보배니라 지혜로운 입술(잠20:15)

2) 근심을 푸는 위로의 입술(욥16:5)

3) 웃음을 채운 즐거운 입술(욥8:21)

4) 정죄하지 않는(욥15:6), 불의를 말하지 않는(욥27:4), 정직을 나타내는(욥33:3, 잠8:6, 잠23:16) 진실한 입술

5) 영영한 복을 받는 은혜의 입술(시45:21), 지혜자의 말(전10:12)

6) 주의 인자하심을(시63:3), 찬미 제사의(히13:5), 영혼을 만족케 하는 (시63:5) 찬송의 입술(시51:15)

7) 의로운 말(믿음)을 선포하는 의인의 입술(잠16:13, 잠10:32)

8) 신부의 입술 - 내 신부야 네 입술에는 꿀방울이 떨어지고 네 혀 밑에는 꿀과 젖이 있고 네 의복의 향기는 레바논의 향기 같구나(아4:11), 홍색실 같은 입술(아4:3), 백합화 같은 입술(아5:13)

9) 마음이 괴로워 성전에 올라가 기도하는 한나의 동하는 입술 (삼상1:13)

10) 제단 숯불에 닿은 깨끗한 입술(사6:6-7), 사명의 입술

자리에서 일어나라!

1) 엘리야의 지친 스스로 포기하는 로뎀나무 누운 자리에서(왕하 16:5-8), 다시 호렙산으로 일어나 새 사명자로 세워져야 합니다.

2) 풍랑 가운데 배 밑에 누운 자리에서 물고기 뱃속에서 토해져 다시 일어나 니느웨로(욘1:5, 2:10) 가서 생명을 살리는 전도자로.

3) 구걸의 자리에서, 병든 자리에서(소경, 지지) 길가의 바디매오(마10:16), 성전 미문의 앉은뱅이에서(행3:2), 네 사람의 들 것에 매여 있는 중병에서(막2:11), 38년 된 오랜 병 도와주는 자가 없는 자리에서(요5:1-15) 주님의 음성으로 모든 자리에서 일어나 주님을 살리는 자로.

4) 허랑방탕 허비된 주는 자가 없는 들에서 일어나 아버지 집으로 (눅15:13) 돌아와 회복되는 자로.

5) 가는 길 때문에 마음이, 불 뱀에 물린 자리에서 놋 뱀을 만들어 쳐다보아 다시 사는 자리로(민21:6).

6) 죽음과 흉년을 만난 모압에서〈우거하는 자리에서 일어나 베들레헴 (말씀의 떡집)으로 돌아와 그리스도의 계보를 세워가는 자(룻1:6, 마1:1)〉

7) 일어나 기둥을 세우고 기름을 붓는 벧엘로 올라가서 하나님께 단을 쌓고(창35:1), 이스라엘로 불리는 자리로.

자세하라

● **당한 일을 자세히 알리어**(창24:29)

1) 자세히 들으라(민23:18, 욥21:2, 사28:23)

2) 자세히 말하라(삼상3:18, 행18:25)

3) 자세히 물으라(삼상20:6, 마2:7)

4) 자세히 살피라(삼상23:22, 시37:10)

5) 자세히 보라(삼하13:28, 시48:13)

6) 자세히 설명하라(눅24:27)

7) 자세히 주의하여 지혜 있는 자 같이 행하라(엡5:15)

작은 자!

◉그 작은 자가 천명을 이루겠고 그 약한 자가 강국을 이룰 것이라 때가 되면 나 여호와가 속히 이루리라(사60:22)

1) 작은 자가 되라 겸손한 자, 은혜 입은 자
   = 기드온처럼(삿6:15), 처음 사울 왕처럼(삼상9:21), 바울(고전15:9)의 고백처럼
2) 작은 소리를 내는 읊조리는 자(시49:3, 명철, 시63:6, 새벽 말씀)
   = 시71:24, 의를,
   = 시77:12, 주의 모든 일에, 시119:15, 주의 법도
3) 작은 일에 충성하는 자(눅16:10;19:17)
   = 더 많은 것, 열 고을 권세를 차지하게 하심
4) 작은 능력으로 말씀을 지키며 여호와의 이름을 배반치 않는 자
   (계3:8): 열린 문을 네 앞에 두었으니
5) 작은 구름을 만드는 자(왕상18:44), 큰 비를 내리심
6) 작은 떡을 먼저 만드는 자(왕상18:13), 마지막 것으로 먼저 다 하지 않는 역사, 어린아이의 작은 떡 5개와 물고기 두 마리로 다 배불리 먹고 열두 광주리를 거두는 기념의 역사(마14:20)
7) 작은 골방에서 기적을 만드는 자(왕하4:4), 빚진 선지자의 아내와 두 아들 골방의 기름 부음, 성령의 기름 부으심 - 빚과 생활을 해결
   = 수넴 여인이 준비한 작은 방(왕하4:10), 기도와 섬김의 작은 방

잠잠히 사랑하시는 전능자

◉**여호와께서 너희 가운데 계셔 기뻐하고 즐거워하게 하십니다**(습3:17)

1) 이레 동안(레23:40), 아침과 저녁에(시65:8), 택하신 곳에서(신16:15) 즐거워하게 하십니다.

2) 수고한 손에 복을 주시어 온 가족이 즐거워하게 하십니다(신12:7)

3) 곳간을 맡기어 거두고, 쌓게 하시는 즐거움을 주십니다(느12:44)

4) 큰일을 행하시어 즐거워하게 하십니다(시111:2)

5) 기도할 때 응답을 주시어 마음이 즐겁게 하시며(삼상2:1)

6) 웃음을 입에 입술에 즐거운 소리를 내게 하십니다(욥8:21)

7) 은혜를 베푸시어 즐거워하게 하십니다(왕상8:66)

8) 드릴 힘을 주시어 마음을 즐겁게 하십니다(대상29:14)

9) 수고한 일에 복주심으로 너희와 너희 가족이 즐거워 하게 하심(신12;7)

10) 나의 마음이 기쁘고 나의 영혼도 즐거워하며 내 육체를 안전히 살게 하심(시16:9)

재물을 얻는 자

1) 여호와를 사랑하라(말씀 순종) = 곳간을 채워 주심(잠8:21)
2) 여호와를 기억하라(의지) = 재물을 얻는 능을 주심(신8:18)
3) 여호와를 부르라(찾으라) = 숨은 재물이 들어와 얻게 하심(사45:3) = 재정의 기름 부으심
4) 여호와께 구하라 = 솔로몬의 하나님 마음에 맞는 기도
   - 부와 존영을 함께 하는 재물(대하1:12)
   - 지혜, 총명, 은금의 재물을 얻게 하심(겔28:4)
5) 일어나 빛을 발하라 = 열방(열국)의 재물을 얻고 들어오게 하심(사60:5)
6) 여호와를 크게 경외하며 크게 즐거워하라 그리고 정직하라 = 부와 재물이 집에 가득하며 그리고 후손이 땅에서 강성하게 하심(시112:3)
7) 여호와를 공경하라(처음 익은 열매로) = 창고가 가득 차고 새로운 재물로 넘치게 하심(잠3:9)
   ① 근면(잠11:6) ② 겸손(잠22:4) ③ 정직(시112:3)으로 반드시 재물을 얻는 복된 자, 기념자로 세우심을 찬양합니다.

◆ 하나님이 그리스도 예수 안에서 너희 모든 쓸 것을 풍성한 대로 채우시리라(빌4:19)

전도

◉ **여러 동네에서 가르치며 전도하시려고 거기를 떠나가시니라**(마11:1)

1) 전도 GOSPEL = GOOD + SPELL(기쁜 소식)
    ① 전파하다(케로스, 마4:23) ② 가르치다(디다스코, 마4:23)
    ③ 증거하다(말토스, 행1:8) ④ 좋은 소식(뉴앙겔리온, 기쁜소식)

2) 전도자의 자격
    ① 말씀 준비(엡6:10-19) ② 기도 준비(마16:25-26)
    ③ 성령 충만(행1:4)   ④ 성결의 생활(벧전1:4-11)
    ⑤ 영혼을 사랑하는 뜨거운 마음(살전2:4)
    - 내가 마지막 주자다의 신념
    ⑥ 변론을 피하라(행9:29)
    ⑦ 끝까지 변함없이 지속적으로(행2:47)

3) 전도자의 실천
    ① 가장 귀한 것을 드려라.
    ② 가장 천한 일부터 시작하라.
    ③ 교회를 사모하라(전도 대상자를 선정하라)
    ④ 전도 특공대 주인공이 되기 위한 기도
    ⑤ 내일로 미루지 말라(매일전도)
    ⑥ 피를 토하는 무릎을 꿇어라(기도노트)
    ⑦ 주님께 맡겨라.

♠ 전도는

1) 마귀와 전투(행10:38)

2) 하나님의 자원
   - 생각을 바꾸라 = 능력이다(골4:3)

3) 하나님의 유언(마28:19)
   - 명령이다.

4) 하나님의 피맺힌 소원(마28:20)

5) 하나님의 본업(막1:38, 막3:14)
   - 면허증, 익숙자

6) 전도는 실패가 없음(막1:39, 고전2:4)
   - 40년 전도 노방

7) 거룩한 의무(행5:42)
   - 은사가 아니고

전에는

1) 전에는 소유가 적더니, 이제는 발이 이르는 곳마다 여호와께서 복을 주셔 번성하고 넓게 하여 주심(창30:30)
2) 전에는 내게 노하셨으나, 이제는 나를 안위하여 주시며(사12:1)
3) 고난당하기 전에는 그릇 행하였더니, 이제는 주의 말씀을 지키며 살게 하심(시119:67)
4) 전에는 이방인 가운데 저주가 되었으나, 이제는 복이 되게 하시며(슥8:13)
5) 전에는 황폐한 곳이, 이제는 에덴동산처럼 경작되게 하심(겔36:34-35)
5) 전에는 본질상 진노의 자녀(엡2:3), 이제는 큰 사랑으로 주 안에서 빛 되게 하심(엡5:8)
6) 전에는 양과 같이 길을 잃고(벧전2:25), 긍휼을 얻지 못한 자이더니(벧전2:10), 이제는 하나님의 백성으로 긍휼을 얻게 하시며 영혼의 목자와 감독되신 주님께 돌아오게 하시어 세상 끝 날까지 임마누엘 되어 주심
7) 전에는 비방과 박해자, 폭행자였으나(딤전1:13)
   = 전에는 어리석은 자, 순종하지 아니한 자, 속은 자, 정욕과 향락의 종노릇하는 자였으나, 이제는 복음의 전파자로 세워 주심

쪼개짐

●하나님의 말씀은 살이 있고 활력이 있어 좌우에 날 선 어떤 검보다도 예리하여 혼과 영과 및 관절과 골수를 찔러 쪼개기까지 하며 또 마음의 생각과 뜻을 판단하나니(히4:12)

1) 번제물이 중간으로 쪼개어 서로 마주 보게(창15:10)

2) 번제 쓸 나무를 쪼개어 가지고(창22:3)

3) 길갈에서 여호와 앞에서 아간을 찍어 쪼개니라(삼상15:33)

4) 광야에서 반석을 쪼개시고 매우 깊은 곳에서 나오는 물처럼 흡족하게 마시게 하셨으며(시78:15)

5) 바위를 쪼개사 물이 솟아나게 하셨느니라(사48:21)

6) 주께서 활을 꺼내시고 화살을 바로 쏘셨나이다 주께서 강들로 땅을 쪼개셨나이다(합3:9)

7) 혼과 영과 관절과 골수를 찔러 쪼개짐(하나님의 말씀으로, 히4:12)

죄

1) 선을 행하지 아니하면(불선, 창4:7)
2) 성령을 모독하는 것(막3:29)
3) 믿지 않는 것(믿음을 버릴 때, 막16:16, 딤전5:12)
4) 비판하고 정죄하는 것(눅6:37)
5) 불의(요일5:17)
6) 불법(요일3:4)
7) 음행(자기 몸에 죄를 지는 것, 고전6:18)

♠ 죄의 특성 - 죄가 사망 안에서 왕 노릇(롬5:21)

① 두려움(부끄러움, 창3:10)
② 핑계(변명, 창3:12)
③ 전염성(요5:14)
④ 기회 - 틈을 노림(롬7:8)
⑤ 무겁다(파멸성, 창18:20)
⑥ 무지성(막4:2)
⑦ 매임성(히12:1)

죄 사함(예수 안에)

1) 예수 안에는 정죄함이 없나니 죄를 지을 수 없느니라(롬8:1)
2) 회개함과 죄 사함을 주시려고 영생을 주시는 자(롬5:21)
3) 죄를 사하는 권능이 있으신 분(마9:6, 막2:11)
4) 예수님은 죄인을 부르러 왔노라(마9:13)
5) 우편에서 계속 간구하고 계심(롬8:34), 예수님은 죄에 대하여 단번에 죽으심(롬6:10)
6) 언약의 피(히9:12, 마26:28, 엡1:7), 피에 생명 있음
7) 회개(막1:4) 죄 사함을 받게 하는 회개의 세례를
   ① 죄인 한 사람이 회개하면 하늘에서 회개할 것이 없는 아흔 아홉으로 말미암아 기뻐하는 것보다 더하리라(눅15:7)
   ② 죄인 하나가 회개하면 하나님의 사자 앞에 기쁨이 됨(눅15:10)
   ③ 죄인을 불러 회개시키려고 왔노라(눅5:24)
   ④ 죄를 자백하면 저는 미쁘시고 의로우사 우리 죄를 사하심 (요일1:9)
   ⑤ 죄 사함을 얻게 하는 회개가 모든 족속에게 전파(눅24:40)
8) 믿음: 그들의 믿음을 보시고 죄 사함을 받았느니라(막2:5)
9) 용서하면 용서받는 자: 너희가 누구의 죄든지 사하면 사하여 질 것이요(요2.:23)
10) 사랑: 사랑은 허다한 죄를 덮느니라(벧4:8)
    = 죄를 이기기 위해 말씀을 마음에 두라.

죄악을 사하여 주시는 예수님

1) 동에서 서가 먼 것처럼(시103:12)

2) 주홍, 진홍 같을지라도 흰눈 같이, 양털 같이 희게(사1:18)

3) 깊은 바다에 빠트려 버림같이(미7:19)

4) 하나님의 등 뒤로 돌려서 하나님이 전혀 볼 수 없게(사38:17)

5) 덮어 버리심(시78:38)

6) 기억도 아니 하시고 도말하심(사43:25)

7) 빽빽한 구름이 사라지는 것처럼 사라지게(사44:22)

◆ 정죄하지 아니하시는 예수님(롬8:1)
　우리는 누구에게도 정죄할 아무런 권한이 없는 자
▶ 죄의 삯은 사망(약1:15)
▶ 죄가 좋은 것을 막음(렘5:25)
▶ 우리가 그리스도의 초보를 버리고 죽은 행실을 회개함과 하나님께 대한 신앙과(히6:1)

존귀한 자1

1) 기도의 야베스(대상4:9-10)

2) 아람나라의 나아만(왕하5:2)

3) 모르드개(에9:4)

4) 나이 많아 늙도록 부한 다윗(대상29:28)

5) 너는 내 것이라 언약 받은 야곱(사43:4)

6) 무덤을 주님께 내어 드린 아리마대 요셉(막15:43)

7) 변함없이 섬김의 수넴여인(왕하4:8)
   - ▶ 사람은 존귀하나 깨닫지 못하면 멸망하는 짐승과 같음(시49:230)
   - ▶ 존귀한 자는 항상 존귀한 일을 생각함(사32:8)
   - ▶ 존귀로 단장하는(욥44:10)

존귀한 자2

- 찬송과 영광과 지혜와 감사와 존귀와 권능과 힘이 우리 하나님께 세세토록 있을지어다(계7:12)
- 존귀와 위엄이 그의 앞에 있으며 능력과 즐거움이 그의 처소에 있도다(대상16:27)
- 그리스도 일에 죽기에 이르도록 자기 목숨을 돌보지 아니한 자를 존귀히 여기라(빌2:29)

1) 보라 내 종이 형통하리니 받들어 높이 들려서 지극히 존귀하게 되리라(사52:13)
2) 세상에 존귀한 자의 이름같이 네 이름을 존귀하게 만들어 주리라(삼하7:9, 욥36:7)
3) 능력과 존귀의 옷을 입히시고 후일에 웃게 하심(잠31:25)
4) 존귀한 자들에게 손대지 아니하시고 하나님을 뵙고 먹고 마시게 하심(출24:11)
5) 영원토록 지극한 복을 받아 주 앞에서 기쁘고 즐겁게 하심(시21:6)
6) 주를 섬기는 일에 부족함이 없도록 채워주심(빌2:30)
7) 너를 보배롭고 존귀하게 여기고 너를 사랑하여 생명을 대신하여 주시고 자손을 모으시고 오게 하시어 영광을 위하여 지으시고 만들어 주심(사43:4-7)

좁은 문

◉들어가기를 구하여도 들어가지 못한 자가 많더라(눅13:24)

1) 큰 은혜 없이는
2) 결단 없이는
3) 들보를 가지고는
4) 낮아지지 아니하면
5) 비대하면
6) 신발을 벗지 아니하면
7) 생각이 많으면
8) 인내하지 못하면
9) 믿음의 통행증 없이는
10) 사랑하지 아니하면

◆ 양의 문(요10:7)
◆ 의의 문(시118:19)
◆ 하늘 문(말3:10)
◆ 장막 문(신31:15)

좋 은

◉ 모든 좋은 것에 부족함이 없으리로다

1) 좋은 상(전4:9)

2) 좋은 기별(잠25:25)

3) 기쁨의 좋은 복(잠24:25)

4) 좋은 일(마26:10)을 하게 하심

5) 좋은 이름(전7:1)

6) 좋은 말(시45:1)

7) 좋은 산물(시85:12)

♠ 좋은 것을 얻는 자

1) 여호와를 찾으라(시34:10)

2) 정직하라(시84:11)

3) 송축하라(시103:1)

4) 주께서 손을 펴신즉(시104:28)

5) 사모하라(시107:9)

6) 삼가 말씀에 주의하는 자(잠16:20)

7) 의와 화평으로 서로 입맞추는 자(시85:10-12)

주님의 질문

1) 네가 이 사람보다 나를 더 사랑하느냐(요21:15)

2) 네가 어디 있느냐(창3:9)
   = 네가 어디로 가느냐(창16:8)

3) 네게 무엇이 있느냐(출4:2)
   = 너희에게 고기가 있느냐(요21:5)

4) 네게 무엇하여 주기를 원하느냐(대하1:7)

5) 네가 믿느냐(요11:26)
   ① 능히 이 일을 할 줄로 믿느냐(마9:28)
   ② 이 뼈들이 능히 살 수 있겠느냐

6) 너희는 나를 누구라 하느냐(마16:15)

7) 이 모든 것을 깨달았느냐(마13:5)
   = 듣고 깨달으라(마13:51)

◆ 주여 말씀 하옵소서 종이 듣겠나이다

주리라!

1) 마8:7 - 내가 가서 고쳐 주리라.
2) 삼하7:9, 욥36:7 - 세상에 존귀한 자의 이름 같이 네 이름을 존귀하게 하여 주리라.
   = 네 이름을 열조의 위대한 이름처럼 만들어 주리라.
   = 눅 4:6, 모든 권위와 영광을 내가 네게 주리라.
3) 계2:26 - 이기는 자와 끝까지 내 일을 지키는 그에게 만국을 다스리는 권세를 주리라
   = 내가 또 그에게 새벽별을 주리라(계2:26-28)
   = 네가 죽도록 충성하라 그리하면 내가 생명의 관을 네게 주리라(계2:10)
4) 학2:9 - 이 성전의 나중 영광이 이전 영광보다 크리라 만군의 여호와의 말이니라 이곳에 평강을 주리라 만군의 여호와의 말이니라.
5) 학2:19 - 오늘부터는 내가 너희에게 복을 주리라.
   = 행위대로 갚아 주리라(계2:28, 22:12)
6) 사41:10 - 내가 너를 굳세게 하리라 참으로 너를 도와주리라 참으로 나의 의로운 오른손으로 너를 붙들리라.

◆ 그들에게 젖과 꿀이 흐르는 땅을 주리라!(렘11:5)

주시는 여호와 하나님1

1) 내 입에 말씀을 주심(민22:38, 막13:11)
2) 땅을 주심
   ① 좋은 땅(신1:25)
   ② 돌보아 주시는 땅(신11:12)
   ③ 기업으로 주시는 땅(신12:10)
   ④ 젖과 꿀이 흐르는 땅(신27:3)
   ⑤ 차지하는 땅
   ⑥ 후손이 복을 받아 누리는 땅(신4:40)
3) 주린 자에게 양식을
   ① 갇힌 자에게 자유를
   ② 백성들의 억울함을 풀어주시는 하나님(시146:7)
   ③ 나를 도우시며 생명을 붙들어 주시는 하나님(시54:4, 사42:5)
4) 근심을 겸하지 주시지 않는 복을 부어주심(잠10:22)
5) 복음을 믿는 자에게 구원을 주시는 하나님(롬1:16)
6) 우리에게 넉넉히 이김을 주시는 하나님(고전15:57)
7) 심는 자에게 씨와 먹을 양식을 주시는 이가 너희 심을 것을 풍성하게 하시고 너의 의의 열매를 더하게 하여 주시는 하나님(고후9:10)

◆ 주님께서 필요한 것을 풍성하게 채워주십니다.

주시는 여호와 하나님2

● **붙들고 기뻐하고 택한 사람에게**(시42:5-6)

1) 영을 주심 - 이방에 정의를 베푸리라(사42:1)

2) 복음을 주심 - 믿는 자에게 구원의 은총을(롬1:16)

3) 입에 말씀을 주심 - 임마누엘 되심(백성의 언약과 이방의 빛이 되게)
   (사42:6)

4) 생명과 호흡을 주심(행17:25), 평강을

5) 지혜와 총명과 지식을(단2:1), 명성이 나게 하심

6) 승리를 주심(고전15:57)
   ◎ 주린 자 - 먹을 것
   ◎ 갇힌 자 - 자유
   ◎ 눈먼 자 - 보게
   ◎ 비굴한 자 - 일으키심
   ◎ 의인 - 사랑
   ◎ 눌린 자 - 풀어주심

7) 심는 자에게 씨와 먹을 양식을 주심(고후9:10)

주 안에서(빌4:1-23)

1) 서로 문안하라(21)

2) 같은 마음을 품으라(2)

3) 동역자를 도우라(3)

4) 항상 기뻐하라(4)

5) 관용을 베풀라(5)

6) 염려하지 말고 감사함으로 아뢰라(6)

7) 배우고 받고 듣고 본 바를 행하라(7)
　① 하나님의 평강이 함께 하시며 마음과 생각을 지키십니다(9)
　② 능력 주시는 자 안에서 모든 것을 할 수 있게 하십니다(13)
　③ 모든 쓸 것을 채워주십니다(19)
　④ 주 예수의 은혜를 심령에 부어주시며 영광을 돌리게 하십니다(20)

◆ 기도로 서로 문안하는 하루 하루!!!

주옵소서

◉주여 사람이 사는 것이 이에 있고 내 심령의 생명도 온전히 거기에 있사오니 원하건대 나를 치료하시며 나를 살려 주옵소서(사38:16)

1) 여호와여 지금 말씀하여 주옵소서(사 43:1, 렘 1:13)
   = 말씀이 임하여 말씀으로 회복하게 하옵소서.
2) 애굽에서부터 지금까지 이 백성을 사하신 것처럼 이 백성의 죄악을 사하여 주옵소서(민14:19-20),
   = 회개의 회복이 일어나게 하옵소서.
3) 묵은 땅을 기경하게 하옵소서. 지금부터 영원까지 여호와를 바랄지어다(시131:3), 공의를 비처럼 내리시옵소서(호10:12)
4) 우리 하나님이여 지금 주의 종들의 기도와 간구를 들으시고 황폐한 성소에 주의 얼굴빛을 비추어 주옵소서(단9:17)
   = 종의 기도들이 회복되게 하시옵소서.
5) 지금까지 너희가 내 이름으로 아무것도 구하지 아니하였으나 구하라 그리하면 받으리니 너희 기쁨이 충만하도다(요16:24)
   = 응답으로 승리의 기쁨을 충만하게 회복하여 주옵소서.
6) 지금 은혜받을 만한 때요 구원의 날이로다(고후 6:2)
   = 은혜를 회복하여 주옵소서.
7) 지금은 마지막 때,(요일 2:18) 적그리스도가 나타날 때, 성령의 기름 부음이 회복되게 하옵소서(요일2:20)

주의 음성을 듣는 자(삼상3:1-10)

1) 부르심을 받은 자: 아브라함, 모세, 바울, 베드로, 노아
2) 사명을 부여받은 자: 다윗, 바울, 요나
3) 선지자들: 예레미야, 느헤미야

1) 약속의 사람(드려진 사람) - 여호와를 섬길 때(1)
2) 하나님의 등불이 꺼지지 않는 곳(삼상3:3)
3) 여호와의 전 안에 있는 자(삼상3:3)
4) 태도가 되어 있는 사람(삼상3:4, 영적 센스 만점)(4)
5) 부를 때마다 일어나는 사람(삼상3:4-6)(6)

 ○ 불 가운데 말씀하는 음성을 듣는 자(신4:33)
 ○ 하나님의 음성, 그의 입에서 나오는 소리를 듣는 자(욥37:2)
 ○ 양은 그의 음성을 듣나니 그가 자기 양의 이름을 각각 불러 인도하여 내느니라(요10:3)
 ○ 내 양은 내 음성을 들으며 그들은 나를 따르니라(요10:27)
 ○ 죽은 자들이 하나님의 음성을 들을 때가 오나니 곧 이때라 듣는 자는 살아나리라(요5:25)

지금은 여호와께 돌아가는 때

● 오라 우리가 여호와께 돌아가자(호6:1)

1) 오직 말씀을 청종하고 말씀을 지키기에 마음과 뜻을 다하여
   (신30:9)
   = 너를 기뻐하사 네 손으로 하는 모든 일에 복을 주심(시128: 1~2)
2) 목을 곧게 하지 않고 여호와 전에 들어가 예배 회복으로(대하 30:9)
   = 사로잡힘에서 다시 땅으로 돌아오게 하심
3) 헛된 것을 버리고 귀한 것을 말하며(렘15:19-20)
   = 다시 이끌어 하나님 앞에 세우시고 하나님 입이 되게 하여 주심
4) 악인의 길 불의한 생각을 버리고(사55:7)
   = 긍휼과 너그러운 용서와 보낸 일에 형통과 기념과 평안과 재물을 주심
5) 힘써 여호와를 아는 자로(호6:1)
   = 싸매어 도로 낫게 하심
6) 마음을 찢는 자로(욜2:13)
   = 노하기를 더디하시며 뜻을 돌이켜 재앙을 내리지 아니하시고 곡식과 새 포도주와 기름을 풍족히 주심
7) 방탕 낭비 궁핍 붙여 사는 삶 주려 죽는 삶에서 스스로 돌이켜 품군의 하나로 일어나는 자로(눅15:11~24)
   = 죽었다가 다시 살아난 잃었다가 다시 얻어진 아들로 세워짐

지키라

1) 우리 안에 거하시는 성령으로 말미암아 네게 부탁한 아름다운 것을 지키라(딤후1:14)

2) 밤낮 간구하며 쉬지 않고 너를 생각하는 청결한 양심을 지키라(딤후1:3)

3) 네 눈물을 생각함을 지키라: 내 기쁨이 가득하게 하려 함이라 (딤후1:4)

4) 거짓 없는 믿음을 지키라: 큰 믿음을 가지라(딤후1;5)

5) 하나님의 은사를 불일 듯 지키라(딤후1:6)

6) 하나님이 주신 마음 능력과 사랑과 절제의 마음을 지키라(딤후1:7)

7) 주를 위한 일을 부끄러워하지 말고(딤후1:8), 부르심에 오직 은혜대로(딤후1:9)

　　의탁한 일들을 그날까지 능히 지키실 줄을 확신하며(딤후1:12)

　　믿음과 사랑으로써 들은바 바른말을 본받음을 지키라(딤후1:13)

　　① 착한, 선한, 깨끗한 양심으로

　　② 기도의 눈물로

　　③ 거짓 없는 믿음으로

　　④ 성령의 은사로

　　⑤ 하나님이 주신 마음으로

　　⑥ 주를 위한 일로

　　⑦ 믿음과 사랑의 바른말로

지키시는 여호와

1) 그룹들과 두루 도는 불 칼을 두어 생명나무의 길을 지키심(창 3:24) 구원의 길을 지키심

2) 모든 길을 (천사들을 명하사) 지키심(시91:11)
너와 함께 있어 어디를 가든지 지키며 이끌어 허락한 것을 다 이를 때까지(창28:15)
황무지에서 짐승이 부르짖는 광야에서 만나시고, 보호하시며, 눈동자같이 지키심(신32:10)
거룩한 자들의 발을 지키심(삼상2:9)

3) 영혼을 지키심 모든 환난을 면하게 하시며 영혼을 지키심(시121:7)
생명과 은혜를 내게 주시고 보살핌으로 내 영을 지키심(욥10:12)

4) 나의 산업과 잔의 소득과 나의 분깃을 지키심(시16:5)

5) 출입을 지금부터 영원까지 지키심(시121:8), 성 안에 평안을, 궁중의 형통을 주시며(시122:7), 성내를(시147:14) 보호하시며 정의의 길로 보호하시며 성도의 길을 보존하시며(잠2:8) 지키심

6) 인애와 정의를 지키시며(호12:6), 후대하시며 평안을 지키심(시116:7)

7) 언약을 지키시는(시89:28, 34)

♠ 어떤 자를 지켜주시는가?

　① 순진한 자(시116:6)

　② 거룩한 자(삼상2:9)

　③ 주의 말씀을 분깃으로 삼고 지키는 자(시119:57)

　④ 주를 신뢰하는 자(사26:3)

　⑤ 계명을 지키는 자(느1:5)

　⑥ 직분을 지키는 자(겔48:8)

　⑦ 기름부음 받은 자(겔28:14)

♠ 우리가 지키는 할 일

1) 성령이 하나 되게 하심을 (주의 법) 힘써 지키는 일(엡4:3)

2) 생명의 근원이 되는 마음을 지키는 일(잠4:23)

3) 입을 지키는 자는 자기의 생명을 보전하니(잠13:3)

　　= 사람의 입의 열매로 인하여 복록을 누림(잠13:2)

　　= 구부러진 말을 네 입에서 버리며 비뚤어진 말을 네 입술에서 멀리 하라(잠4:24)

　　= 경우에 합당한 말은 아로새긴 은쟁반에 금사과니라(잠25:11)

　　= 네 말이 내 귀에 들린 대로 맹세코 시행하리라(민14:28)

4) 자신의 발걸음을 지키는 일 나의 발걸음을 주의 말씀에 굳게 세워 어떤 죄악도 나를 주관하지 못하게 하소서(시119:133)

　　　 = 네 모든 길을 든든히 하라 네 발을 악에서 떠나게 하라(잠 4:26-27)
5) 훈계를 굳게 잡아 놓치지 말고, 훈계(권면) 지키라(잠4:13)

6) 눈을 지키라. 비늘이 벗겨져 새로 보는 눈을 가지고 네 눈꺼풀로 네 앞을 곧게 살피라(잠4:25)
　　　 = 믿음의 주여 우리를 온전케 하시는 주를 바라보자(히12:2)
　　　 = 오직 주만 바라보나이다(대하20:12)
　　　 = 내 눈을 열어 주의 기이한 법을 보게 하소서(시119:18)

7) 성령으로 내게 부탁한 아름다운 것을 지키라(딤후1:14)
　　　 = 내게 부탁한 것을 지키라(딤전6:20)
　　　 = 언약을 지키라(창17:9)

◆ 무거운 것, 얽매이기 쉬운 죄를 벗어 버리고 인내로써 우리 앞에 당한 경주의 완주자! 정복자! 승리자! 되시길

지혜1

◉성경은 믿음으로 말미암아 구원에 이르는 지혜가 있게 하느니라(딤후3:15)

1) 악을 미워하는 것(잠18:3)
2) 아끼지 않는 것(창22:12,16)
3) 입술로 범죄하지 않는 것(욥2:10)
4) 말씀대로 짓는 것(노아, 고넬료)
5) 지혜는 생명나무라(잠3:18)
   = 생명나무: 온순한 혀로 의에 열매 맺는 것(잠11:30)
6) 성에 들어가는 권세(계12:4)
7) 소원을 이루는 것(잠13:12)

♠ 지혜를 구하라(약1:5)
   ① 지혜를 얻으라(잠4:7)
   ② 지혜를 지키라(잠4:13)
   ③ 지혜로 행하라 세월을 아끼라(골4:5, 삼상18:14)
   ④ 지혜를 버리지 말라(잠4:6)
   ⑤ 지혜자와 동행하리(잠13:20)
   ⑥ 지혜의 영으로 충만하라(출28:3, 신34:9)

지혜2

◉위로부터 난 지혜는 성결과 화평과 관용과 양순과 긍휼과 선한 열매가 가득하고 편견과 거짓이 없나니(약3:17)
◉지혜가 충만하여 하나님의 은혜가 그의 위에 있더라(눅2:40)
◉지혜가 제일이니(잠4:7, 사랑이 제일이라: 제일은 사랑과 지혜)
◉지혜의 근본이요(잠9:10) 지식의 근본이요(잠1:7) 여호와를 경외하는 것이라(욥28:28, 시111:10)

♠ 지혜 입은 자에게!
1) 오른손에 장수를 주심(잠3:16)
2) 왼손에 부귀를 주심(잠3:16)
3) 그의 길을 평강의 길로(잠3:17), 바른 길로(잠23:19) 인도하심
4) 칭찬을 받으며(삼상25:33) 이름이 심히 귀하게 되며(삼상18:30) 다스리게 하시며(왕상5:7) 사람을 얻는 자로 세우심
5) 구하지 않는 부와 재물과 영광을 부어주심(대하1:12)
6) 반지를 끼우고 세마포 옷을 입히고 금사슬을 목에 걸고 버금 수레를 태우시어 허락 없이는 수족을 놀릴 자가 없게 하여 다스리는 자로 세워주심(창41:41~44)
7) 은혜와 권능을 충만하게 하시어 큰 기사와 표적을 행하게 하시며 지혜와 성령으로 말하게 하시어 능히 당할 자 없게 하여 주심(행6:8, 10)

천국을 소유하는 자

1) 좁은 문으로 들어가기를 힘쓰는 자(눅13:24)
2) 의가 서기관과 바리새인보다 더 나은 자(마5:19-20)
3) 아버지 뜻대로 행하는 자(마7:21)
4) 어린이들과 같이 되는 자(막10:15)
5) 죄를 회개 하는 자(마18:8)
6) 혼인 잔치에 예복을 입는 자(마22:11-12)
7) 믿음이 있는 자(마8:12)
8) 깨어 기다리는 자(마24:44)
9) 물과 성령으로 거듭난 자(요3:5)
10) 사랑하는 자(요일3:11)
11) 인 맞지 아니한 자(계14:9)
12) 맛을 잃지 않은 자(마5:13)

◆ 우리는 다시 한 번 주님께서 십자가로 길을 여시고 부활하여 천국 열쇠를 주신 천국(좁은 문)을 침노하는 거룩한 백성이 되시기를 기도하며 믿습니다.

큰

⦿**우리의 복음이 말로만 이른 것이 아니라 능력과 성령과 큰 확신으로 된 것이라**(살전1:5)

1) 큰 확신으로 된 것임을 이루게 하옵소서(살전1:5)
2) 큰 잔치가 되게 하옵소서.
   = 아브라함의 잔치(창21:8)
   = 에스더의 잔치(에2:18)
   = 둘째 아들 돌아옴의 잔치(눅15:22-24)
3) 큰 기쁨(시43:4): 찬양의 기쁨, 부활의 기쁨(마28:8), 능력과 축복이 선포된 성전의 기쁨(눅24:52, 행8:8), 치유의 기쁨
4) 방패가 되시고 하나님의 큰 상급이 됨(창15:1)
5) 일곱 해의 큰 풍년이 시작되게 하시며(창41:29)
6) 큰 재물을 이끌고 나오는 축복의 성회 큰 상급, 큰 풍년, 큰 재물, 큰 기쁨, 큰 잔치(성령충만) 되게 하옵소서
   = 주여 들으소서, 주여 용서하소서, 주여 귀를 기울이시고 행하소서, 지체하지 마옵소서,
   = 나의 하나님이여 주 자신을 위하여 하시옵소서(단9:19)
7) 큰 능력과 펴신 팔로 인도하여 내신 주의 백성 곧 주의 기업이로소이다(신9:29)
   = 나타나는 표적과 큰 능력을 보고 놀라니라(행8:13)

큰 솥에 죽음의 독이 있나이다(왕하4:40)

◉ 독

1) 고독(야곱, 요셉, 엘리야)

2) 모독(노예, 포로)

3) 중독(마약, 게임, 투자, 습관)

4) 아독(생가)

5) 설독(두 개의 혀, 저주와 시기)

6) 탐심의 독(아간, 게하시, 아나니와 삽비라)

7) 사망의 독(롬8:6, 육신의 생각)

♠ 길갈의 흉년 때 엘리사의 명령(왕하4:41)

1) 가루를 가져오라: 소금

　① 언약(민18:9),　② 성결(출30:35),　③ 화목(막9:50),

　④ 은혜의 날(골4:6),　⑤ 정결(삿9:45),　⑥ 맛(눅14:3),

　⑦ 행실(마5:13),　⑧ 심판(신29:23)

2) 솥에 던지라(왕하4:41): 도전

3) 퍼다가 먹게 하라(왕하4:41): 순종

틈을 기우게 하소서(시60:2)

1) 가장 간교한 사탄에게 틈을 주지 말라(창3:6)
    = 말씀의 틈(말씀 왜곡, 홀로 있지 말라)

2) 방주의 안팎을 역청으로 틈을 기워 주심(창6:4 구원의 틈)
    = 고페르 나무와 역청(덮다의 뜻)

3) 이스라엘로 나아 온 나아만 장군의 오해의 틈(왕하5:7)

4) 무너진 성벽 재건의 방해하는 음모의 틈(느6:5-10)

5) 육신이 약하여 깨어 기도하지 못하는 기도의 틈(마26:4)

6) 분을 내고 분을 품어 마귀에게 내어 주는 틈(엡4:6-7)
    = 마음을 다스리는 틈

7) 마음에서 나오는 악한 생각의 틈(마15:19)

◆ 예수 안에서 마음과 생각을 지키시리라(빌4:4-7)

띠 띄우시는 하나님

◉ **하나님의 힘으로 내게 띠 띄우시며 내 길을 완전하게 하시며**
  (시 18:32)

1) 힘의 띠를 띠도다: 힘의 띠(삼상 2:4)

2) 능력으로 띠 띄우사 일어나 나를 치는 자를 내게 굴복하게 하셨사오며: 능력의 띠(삼하 22:40, 시 18:39)

3) 슬픔이 변하여 춤이 되게 하시며 나의 베옷을 벗기고 기쁨으로 띠 띄우셨나이다: 기쁨의 띠(시 30:11, 사 35:10)

4) 공의로 그의 허리띠를 삼으며 성실로 그의 몸의 띠를 삼으리라: 공의와 성실의 띠(사 11:5, 렘 13:2)

5) 허리에 띠를 띠고 등불을 켜고 서 있으라(눅12:35)
   주인이 띠를 띠고 그 종들을 자리에 앉히고 나아와 수종 들리라: 수종의 띠(눅12:37)

6) 진리로 너희 허리띠를 띠고: 진리의 띠(엡6:14)

7) 이 모든 것 위에 사랑을 더하라 이는 온전하게 매는 띠니라: 사랑의 띠(골3:14)

평강

⦿네 집도 평강하라 네 소유의 모든 것도 평강하라(삼상25:6)

1) 자기 백성에게 주는 힘의 평강(사29:11)

2) 의인이 흥왕하는 평강(시72:7)

3) 명령을 지키는 장수의 평강(잠3:1-2)

4) 예루살렘을 사랑하는 자의 만족, 풍족, 위로, 윤택의 평강(사66:10-12)

5) 연단 받은 자의 의에 평강(히12:11)

6) 여호와를 경외하는 자의 이스라엘의 평강(시66:10-12)

7) 주님의 선포된 평강(눅24:36)

◆ 평강에 평강이 넘치는 사역

풀어지리라

1) 주가 쓰시겠다 하라 메인 것이 즉시 풀어주신다(마21:3) 하신 주님 말씀 받고 메인 곳에 가서 선포하시면 반드시 풀어지게 하십니다.

2) 주님의 이름을 기념하는 자 토단을 쌓고 번제와 화목제를 드리는 곳(출20:24)에서 풀어주십니다.

3) 하나님 여호와를 섬길 때(양식과 물, 병, 날수, 원수, 불임과 낙태) 언약으로 풀어주십니다(출23:25-27).

4) 말씀을 주시어 순종할 때 풀어주십니다.
   ① 깊은 곳에 그물을 던지라(요21:6, 빈 그물을 풀어 주셨습니다.)
   ② 사르밧 과부의 한 줌의 가루 통에 한 병 조금 남은 기름통이 풀어졌습니다(왕상17장, 남은 작은 떡으로 먼저 만들 때)
   ③ 수가성 여인을 만남으로 영과 진리로 예배하는 때임을 말씀하시며 깨닫게 하시어 풀어주셨습니다(요4:3-26, 물동이를 버리는)
   ④ 기야바 뜰에서 말씀이 생각 난 베드로를 뜰 밖에서 통곡으로 풀어지게 하셨습니다(막14:66-72)
   = 엠마오로 가는 두 제자가 말씀으로 마음을 뜨겁게 하시어 예루살렘을 떠난 길, 내려가는 길에서 올라가는 길로 풀어졌습니다(눅24:13-35)

⑤ 주님의 말씀으로 주님께 나올수 없었던 혈루증 여인의 구원의 갈망과 도전으로 병의 근원을 풀어주셨습니다.
= 주님의 옷자락으로(마9:8-26, 막5:21-43, 눅8:40-56)

5) 바울과 실라의 한밤 중 깊은 옥에서 기도하며 찬송할 때, 매인 것을, 모든 것을 풀어주셨습니다(행16:26)

6) 무덤 문에 돌을 누가 굴러 주리요 죽으신 주님을 위해 사다 둔 향품을 포기하지 않고 가지고 매우 일찍이 예수님의 무덤을 찾아 나선 세 여인들의 고백으로 풀어졌습니다.
= 심히 큰 돌이 벌써 굴러지고 죽음을 이기신 부활의 예수님을 보게 하셨습니다: 예수님을 찾는 자, 막16:4-5

7) 인내와 위로의 하나님이 너희로 예수를 본받아 서로 뜻이 같게 하여 주사 한 마음과 입으로 하나님 곧 우리 주 예수 그리스도의 아버지께 영광을 돌리게 하시고 우리들이 오직 여호와께만 영광 돌리도록 풀어주셨습니다(롬15:6-7)

◆ 어둠을, 사망을, 고통과 고난을, 질병을, 기근을, 가는 길을, 영생을 빛으로 오시어 십자가에서 풀어주시고 영생의 소망을 주신 부활의 주님을 날마다 생전에 호흡이 있는 순간순간마다 성령 하나님을 영과 마음으로 입을 넓게 열어 송축합니다.

품위와 질서

◉모든 것을 품위 있게 하고 질서 있게 하라(고전14:39-40)

♠ 품위를 지켜서 견고한 복음의 증인
1) 영품(영성의 품위 = 성령 충만, 성령의 감동된 자)
2) 직품(직분의 품위 가치관 = 충성)
3) 인품(인격의 품위 = 온유)
4) 격품(격에 맞는 품위=겸손)
5) 기품(갖추어야 할 기품 = 위풍당당)
6) 고품(고결함과 고상한 품위 = 성경)
7) 성품(됨됨이 = 선한 양심과 의리)

♠ 모든 일을 질서 있게 하라. 질서는,
1) 생활에, 신앙생활에 정리를 잘해 변화를 갖는 것
2) 관심을 가지고 관찰을 하며 관리를 잘 하는 것
3) 오직 말씀의 공식으로 푸는 것
4) 하나님의 주권 속으로 들어가는 것
5) 하나님 나라의 소유가 온전히 되는 것(하나님을 소유하는 것이 아니라 하나님의 소유가 되어야 함)

◆ 영성의 품위와 질서를 회복하여 하나님을 기쁘시게 하는 자!

ㅎ

하나님을 앞에 모시고 사는 자(시16:1-11)

⦿**주께 피합니다**(장래를 보고 삽니다)
⦿**주밖에 나의 복이 없음을 고백합니다**(소속을 분명히 합니다)

1) 아브라함: 말씀을 따라가며 여호와 단을 쌓는 삶(창12:4)
2) 이삭: 다투지 않은 삶(창26:22)
3) 노아: 은혜의 삶(요셉, 룻) (창39:4)
4) 모세: 겸손과 온유(민12:3)
5) 다윗, 다니엘: 용모가 준수하며 지혜, 명철, 총명이 월등함(삼상17:42, 단1:20)
6) 수넴여인, 룻의 섬김(왕하4:8, 룻2:2)
7) 바울: 표적과 기사와 이적을 체험(행15:12, 롬15:19)

♠ 앞에 모시고 사는 자
1) 존귀한 자로 보호(시16:3)
2) 산업과 소득과 분깃을 보호(시16:3)
3) 구역과 기업을 아름답게 보호(시16:5)
4) 훈계와 교훈으로 보호하시어 송축하게 함(시16:7)
5) 우편에 계셔 요동치 않게 보호(시16:8)
6) 마음과 육체를 안전히 보호(시16:9)
7) 생명의 길을 여시어 보호(시16:11)

하늘 문이 열리는 때

1) 세례 받을 때(마3:16, 세례: 씻는다, 잠긴다, 하나 된다)

2) 성령 충만할 때(행7:55)

3) 기도할 때(왕상18:38~39)

4) 십일조와 감사 예물(말3:10) : 드릴 때

5) 믿을 때 네가 믿느냐(요1:50) : 믿을 때

6) 말씀을 삼가 듣고 행할 때(신28:12)

7) 경건하며 하나님을 경외할 때(행10:2)

… 하라

1) 충만하라, 땅을 정복하라, 움직이는 모든 생물을 다스리라(창 1:28), 오직 성령으로 충만함을 받으라(엡5:18)
2) 회개하라 천국이 가까이 왔느니라(마3:2, 4:17)
3) 너희는 주의 길을 준비하라 그가 오실 길을 곧게 하라(마3:3)
4) 서로 사랑하라(요13:34, 내가 너희를 사랑한 것같이 너희도 서로 사랑하라, 새계명)
5) 구하라 그리하면 너희에게 주실 것이요(마7:7)
   = 진실로 진실로 너희에게 이르노니 너희가 무엇이든지 아버지께 구하는 것을 내 이름으로 주시리라(요16:23)
   = 구하라 그리하면 받으리니 너희 기쁨이 충만하리라(요16:24)
6) 기뻐하고 즐거워하라
   = 하늘에서 너희의 상이 큼이라 너희 전에 있던 선지자들도 이같이 박해하였느니라(마5:12)
   = 너를 잠잠히 사랑하시며 너로 말미암아 즐거이 부르며 기뻐하시리라(습3:17)
   = 세상에서 수욕 받는 자에게 칭찬과 명성을 얻게 하리라(습3:19)
7) 내가 너희에게 분부한 모든 것을 가르쳐 지키게 하라
   = 세상 끝 날까지 너희와 항상 함께 있으리라(마28:20)

◆ 모든 말씀은 섬김입니다.

하리라

1) 크게 번성하며 대적의 성문을 차지하리라(창22:17)

2) 내가 네게 허락한 것을 다 이루기까지 너를 떠나지 아니하리라(창28:15)

3) 건축하지 아니한 크고 아름다운 성읍 네가 파지 아니한 우물 네가 심지 아니한 포도나무 감람나무 차지하리라(신6:10~11)

4) 일을 행하시고 성취하시는 여호와 크고 비밀한 일을 보이리라 부르짖으라 응답하리라(렘33:2~3)

5) 이르시되 내가 반드시 너에게 복주고 복주며 너를 번성케하고 번성케 하리라(히6:14)

6) 내 이름으로 무엇이든지 구하면 내가 시행하리라(요14:14)

7) 이기는 자는 생명나무의 열매를 주어 먹게 하리라(계2:7)

함께 하시는 여호와

◉**여호와께서 너희와 함께 하시기를 원하노라**
  여호와께서 당신에게 복 주시길 원하나이다(룻2:4)

1) 네가 무슨 일을 하든지 너와 함께 계시도다(창21:22)
   = 아브라함, 하나님의 이름을 부르는 자로 세우심
2) 네가 어디로 가든지 너와 함께 있어 너를 지키며 너를 이끌어 내어 허락한 것을 다 이루기까지 너를 떠나지 아니하리라(창28:15)
   = 야곱, 벧엘에서 이스라엘로 불러주시고 다시 복을 주심(35:10)
3) 너와 함께 계심을 우리가 분명히 보았으므로 계약을 맺으리라 (창26:24)
   = 이삭, 르호봇의 우물을 얻게 하심(창26:22)
4) 함께 하심을 보며 그의 범사에 형통케 하심을 보았더라(창39:3)
   = 요셉, 위임자에서 치리자, 주관자로 세워 주심(대상22:11, 솔로몬)
5) 내가 반드시 너와 함께 있으리라 내가 너를 보낸 증거니라(출3:12)
   = 모세, 여호와 산에서 섬기는 자, 예배자로 세우심
6) 함께 하시어 떠나지, 버리지 아니하시며 평생 너를 능히 당할 자 없게 하심
   = 여호수아, 정복자로 세워 주심(수1:5)
7) 세상에 존귀한 자의 이름같이 네 이름을 존귀케 만들어 주심
   (삼하7:9, 다윗: 왕상11:38, 솔로몬: 대상7:8)

① 또한 함께 하는 자에게 부족함이 없게하십니다(신2:7)
② 의로운 오른손으로 붙들어 주십니다(사40:10)
③ 대적을 물리쳐 주십니다(신20:4)

♠ 하나님이 함께 하시는 사람
1) 마음이 겸손한 자에게 함께 하여 주십니다(사57:15, 미6:8)
2) 선을 구하는 자(암5:14)에게 함께 하여 주십니다
   선으로 악을 이기며 악은 모양이라도 버리는 자
3) 분부한 모든 것을 가르쳐 지키게 하는 자에게 함께 하여 주십니다(마28:20, 막16:20)
4) 시작할 때에 확실한 것을 끝까지 견고히 잡는 자에 함께 하여 주십니다(히3:14)
5) 믿음으로 말미암은 자에게 함께 하여 주십니다(갈3:9)
6) 성령 안에서 하나님의 거하실 처소가 되기 위하여 예수 안에서 지어져 가는 사람들에게 함께 하여 주십니다(엡2:22)
7) 끝까지 인내하며 자기 십자가를 지고 십자가의 능력으로 사는 자에게 함께 하여 주십니다(고후13:4)

◆ 임마누엘(마1:23), 오직 예수!

함께 하는 자

◉지존자의 은밀한 곳에 거주하며 전능자의 그늘 아래 사는 자
(시91:1-16)

지존자의 은밀한 곳 지존자 = 엘리온(가장 높은 권세를 가진 주권자) 은밀한 곳에 거주하는 자, 항상 마음을 하나님께 두고 교통하는 자

1) 사냥꾼의 올무와 극한 전염병에서 건져 주십니다(3절)
2) 날개깃으로 덮으시어 피난처와 요새가 되어 주십니다(4절)
3) 밤의 공포와 낮의 화살 같은 재앙이 장막에 가까이 오지 못하게 하여 주십니다(6,10절)
4) 악인들에 보응하심을 보게 하십니다(8절)
5) 천사들을 명하시어 모든 길에서 손으로 붙들어 발이 돌에 부딪히지 않도록 지켜주십니다(11절)
6) 젊은 사자와 독사를 발로 밟으며 손으로 완전히 누르게하여 해를 당하지 않게 하여 주십니다(12절)
7) 하나님을 사랑하는 자로 인정하여 주십니다.
　① 건져 주시고, ② 높여 주시고, ③ 응답하여 주시고,
　④ 영화롭게 하시며, ⑤ 장수하게 하시며, ⑥ 만족하게 하시며,
　⑦ 구원을 보게 하십니다(14-16절)

◆ 나의 전능자! 나의 지존자! 나의 피난처 되신 여호와!

항상 기도하는 자

1) 낙심하지 말아야 함(눅18:6)
   = 속히 원한을 풀어주심

2) 기도하고 항상 깨어 있어야 함(눅21:36)

3) 항상 무엇을 구하든지 다 받게 하려 하심, 내게 있는 예수 그리스도 이름으로(요15:16)
   = 반드시 열매 맺게 하십니다.

4) 항상 기도자는 부지런하며 게으르지 말며 열심을 품고 주를 섬기며 소망 중에 즐거워하며 환난 중에 참으며 성도의 쓸 것을 공급하며 손 대접 하기를 힘쓰며 축복해야 합니다(롬12:11-17)

5) 기도하는 자는 하나님과 사람에 대하여 항상 양심에 거리낌이 없기를 힘써야 합니다(행24:16)

6) 항상 성령 안에서 깨어 항상 여러 성도를 위하여 기도해야 합니다(엡6:18)

7) 하나님이 나의 증인되기 위해 쉬지 않고 항상 기도해야 됩니다 (롬1:9)

행하시는 하나님

◉측량할 수 없는 큰일, 셀 수 없는 기이한 일을 행하시는 하나님(욥9:10)

1) 일을 만들어 성취하시는 하나님(렘33:2)
    = 기도하는 자
2) 맹세코 행하시는 하나님(사14:2)
    = 확신을 갖는 자
3) 앞서서 행하시는 하나님(신1:30)
    = 기억하고 기대
4) 반드시 행하시는 하나님(히6:14)
    = 인내
5) 원하는 대로 행하시는 하나님(요15:17)
    = 예수 이름으로
6) 네 말이 네 귀에 들린 대로 행하시는 하나님(민14:28)
    = 말한 대로
7) 소원을 두고 행하시는 하나님(빌2:13)
    = 기뻐하는 자

형통1

◉여호와여 우리가 구하옵나니 이제 형통하게 하소서(시118:25)

1) 네가 무엇을 하든지 어디로 가든지 형통하게 하옵소서(왕상2:3)
   ① 하는 모든 일에(신29:9)
   ② 행하는 길에(창24:42)
   ③ 가는 길에(수1:7)

2) 임마누엘 되시어 범사에 형통하게 하옵소서(창39:2-3=요셉)

3) 사방에 평안과 성전을 건축하는 일이 형통하게 하옵소서(대하14:7)

4) 종을 형통하게 하옵소서(사52:13)
   = 주의 종들을 택하신 자들을(시106:5)

5) 성 안에 평안과 궁중에 형통함이 풍성하게 하여 주옵소서(시122:7)

6) 손이 수고한 대로 복 되고 형통하게 하여 주옵소서(시128:2)

7) 하나님의 기쁘신 뜻을 이루며 하나님께서 보낸 일에 형통하게 하여 주옵소서(사55:11)

♠ 그의 형통함과 그의 아름다움이 어찌 그리 큰지요(슥9:17)

○ 죄인의 형통을(잠23:17)

○ 악인의 형통을(잠24:1)

○ 죄를 숨기는 자들의 형통을(잠28:13)

○ 원수들의 형통을(애1:5) 부러워 하지 말고,

   1) 말씀을 지키면(신29:9)

   2) 은혜를 입어 섬기면(창39:4)

   3) 선지자를 신뢰하면(대하20:20)

   4) 여호와를 찾으며 한마음으로 행하면(대하26:5, 31:21)

   5) 순종하여 섬기면(욥36:11)

   6) 여호와를 경외하며 항상 기뻐하며 깨어 정신을 차리고 근신하여 기도하(느1:11, 벧전4:7)

   7) 여호와 앞에 잠잠하고 참고 기다리면(시37:7)

     - 반드시 마침내!

◆ 여호와여 주의 종들을 이제부터 형통하게 오늘부터 형통하게 하십니다

형통2

1) 예루살렘을 사랑하고 평안을 구하는 자에게 주시는 예루살렘(예수 안에 평강)의 형통(시122:6)
2) 하나님이 함께 하시어 요셉에게 주시는 범사에 형통(창39:3)
3) 마음을 강하고 담대하게 하시어 여호수아에게 주시는 어디를 가든지 좌우로 치우치지 않는 형통(수1:7)
4) 솔로몬에게(다윗의 고별축복) 무엇을 하든지 형통(대상29:23)
5) 히스기야에게 주신 여호와와 연합하는 형통(왕하18:7)
6) 여호와와 선지자를 신뢰하는 여호사밧의 견고한 형통(대하20:20)
   = 부귀, 재물, 영광이 가득한 형통(대하17:5)
7) 주께 구하여 은혜를 입어 느헤미야의 하나님을 찾는 형통(느1:11)

회개하라 천국이 가까왔느니라(마4:7)

◉ 내가 의인을 부르러 온 것이 아니요 죄인을 불러 회개시키러 왔노라(눅5:32)

죄인 한 사람이 회개하면 하나님의 사자들 앞에 기쁨이 되느니라(눅15:10)

사람이 회개하지 아니하면 그가 그의 칼을 가심이여 그의 활이 이미 당기어 예비하셨도다(시7:12)

죄 사함을 받는 회개가 예루살렘에서 시작하여 모든 족속에게 전파되라라 기록되었으니 너희는 이 모든 일의 증인이니라(눅24:47)

1) 다윗의 회개: 내가 탄식함으로 피곤하여 밤마다 눈물로 내 침상을 띄우며 내 요를 적시나이다(시6:6)
2) 욥의 회개: 내가 주께 대하여 귀로 듣기만 하였사오나 이제는 눈으로 주를 뵈옵나이다 그러므로 내가 스스로 거두어 들이고 티끌과 재 가운데서 회개하나이다(욥42:6)
3) 요나의 회개: 이 큰 풍랑을 만난 것이 나 때문인 줄 내가 아노라 (욘1:12)

   = 나를 들어 바다에 던지라(1:16)
4) 다니엘의 회개: 주여 들으소서 주여 용서하소서 주의 귀를 기울이시고 행하소서 지체하지 마옵소서(단9:19)

   = 우리 하나님 여호와의 목소리를 듣지 아니하며 여호와께서 그의 종 선지자들에게 부탁하여 우리 앞에 세우신 율법을 행하지 아니하였음이니이다(단9:10)

5) 탕자의 회개: 내가 하늘과 아버지께 죄를 지었사오니 지금부터는 아버지의 아들이라 일컬음을 감당하지 못하겠나이다(눅15:21)
6) 베드로의 회개: 밖에 나가서 심히 통곡하니라(눅22:62)
7) 바울의 회개: 죄인 중에 내가 괴수니라(딤전1:15)
  = 내가 나 된 것은 하나님의 은혜로 된 것이니라 내가 한 것이 아니요 오직 나와 함께하신 하나님의 은혜라(고전15:10)

  - 회개하거든 용서하라(눅3:4)

  - 삼손이 여호와께 부르짖어 주 여호와여 구하옵나니 이번만 나를 강하게 하사 나의 두 눈을 뺀 블레셋 사람에게 원수를 단번에 갚게 하옵소서(삿16:28)

  - 여호와의 말씀이 네 기도를 들었고 네 눈물을 보았노라 내가 너를 낫게 하리니 삼일 만에 여호와 성전에 올라가겠고(왕하20:5)

◆ 오직 회개만이 (여호와께 돌아와 무릎 꿇고 엎드림) 치유와 회복과 새 변화의 새 일을 행하십니다.

흉년 때 말씀에 결박

◉**흉년 때 말씀에 결박 받은 이삭의 7가지 언약의 축복**(창26장)

1) 방향 제시의 복(2)
2) 함께하시는 임마누엘 거주의 복(3)
3) 자손의 번성과 자손으로 천하 만민이 복을 받는 복(4)
4) 가정이 보호받는 복(리브가 보호, 10-11)
5) 흉년 때 백배를 얻고 창대하고 왕성하여 마침내 거부가 되는 복(12-13)
6) 시기와 다툼에서 벗어나 세바의 우물을 얻어 대적에게 잔치를 베푸는(22,30-31, 승리의 복)
7) 그랄에서 온전한 순종으로 브엘세바(가나안)로 올라가는 정착의 복(23)과 하나님이 함께 하는 것을 분명히 보여주는 복
   ① 말씀에 동행입니다.
   ② 말씀에 결박입니다.
   ③ 말씀에 순종입니다.
   ④ 말씀에 잔치입니다.

힘쓰라

1) 마음을 같이 하여 전혀 기도에 힘쓰니라(행1:4)
2) 항상 주의 일에 더욱 힘쓰는 자들이 되라(고전15:58)
3) 부끄러움이 없는 일꾼으로 인정된 자로 자신을 하나님 앞에 드리기를 힘쓰라(딤후2:15)
4) 법정에 가는 길에서 먼저 화해하기를 힘쓰라(눅12:58)
5) 좁은 문으로 들어가기를 힘쓰라(눅13:24)
6) 성도들의 쓸 것을 공급하며 손 대접하기를 힘쓰라(롬12:13)
7) 말씀을 전파하라 때를 얻든지 못 얻든지 항상 힘쓰라(딤후4:2)
8) 조용히 자기 일을 하고 너희 손으로 일하기를 힘쓰라(살전4:11)
9) 주 앞에서 점도 없고 흠도 없이 평강 가운데서 나타나기를 힘쓰라(벧후3:14)
10) 어떻게 행하여 하나님을 기쁘시게 할 수 있는지를 더욱 많이 힘쓰라(살전4:11)

◆ 힘쓰라 하나님 나라를 위하여 주 안에서 하나되기를 힘쓰라!!

하나님이시여(시63:1-11)

1) 주를 갈망하여 내 육체가 주를 앙모합니다(1)

2) 내가 주의 권능과 영광을 보기 위하여 성소에서 주를 바라봅니다(2)

3) 주의 인자하심이 생명보다 나으므로 내 입술이 주를 찬양합니다(3)

4) 주의 이름으로 나의 손을 듭니다(4)

5) 내 평생에 주를 찬송하며 나의 입이 기쁜 입술로 찬송합니다(5)

6) 침상에서 주를 기억하며 새벽에 주의 말씀을 작은 소리로 읊조립니다(6)

7) 주의 날개 안에서 거하게 하시며 주의 오른손으로 붙드시어 주는 나의 도움이 되어주셨습니다(7)

하나님이 편이 되어 주시는 자

1) 감사하는 자들입니다(시30:4)
   = 감사자 예를 들음: 하박국, 요나, 다니엘, 바울

2) 구별된 백성들입니다(습1:7)
   = 변화된 백성, 지명한 백성, 하나님을 자기 하나님으로 삼은 자

3) 하나님을 경외하는 자들입니다(창42:18)
   = 경외: 악에서 떠난 자, 예배자

4) 기도하는 감사하는 자들입니다(시17:1)
   = 한나(원통과 괴로운 자), 엘리야(450:1 갈멜산 전투),
   = 요나(물고기 뱃속에서, 요나의 편이 되어 주심),
   = 다니엘(사자굴에서, 다니엘의 편이 되어 주심)
   * 찬송: 부르짖으라 중간에 한번 부르시면 더 좋음

5) 여호와께 피하는 자들입니다(사37:32, 시5:11)
   = 찾는 자, 의지하는 자, 신뢰하는 자의 편이 되어 주심

하라!

1) 충만하라, 땅을 정복하라, 모든 생물을 다스리라(창1:28), 오직 성령으로 충만함을 받으라(엡5:18)
2) 회개하라 천국이 가까이 왔느니라(마3:2, 4:17)
3) 너희는 주의 길을 준비하라 그가 오실 길을 곧게 하라(마3:3)
4) 서로 사랑하라(요13:34, 새계명)
5) 구하라 그리하면 너희에게 주실 것이요(마7:7)
   = 진실로 진실로 너희에게 이르노니 너희가 무엇이든지 아버지께 구하는 것을 내 이름으로 주시리라(요16:23)
   = 구하라 그리하면 받으리니 너희 기쁨이 충만하리라(요16:24)
6) 기뻐하고 즐거워하라.
   = 하늘에서 너희의 상이 큼이라 너희 전에 있던 선지자들도 이같이 박해하였느니라(마5:12)
   = 너를 잠잠히 사랑하시며 너로 말미암아 즐거이 부르며 기뻐하시리라(습3:17)
   = 세상에서 수욕 받는 자에게 칭찬과 명성을 얻게 하리라(습3:19)
7) 내가 너희에게 분부한 모든 것을 가르쳐 지키게 하라
   = 세상 끝 날까지 너희와 항상 함께 있으리라(마28:2)

합당한 자

◉그 부르심에 합당한 자로 여기시고 모든 선을 기뻐함과 믿음의 역사를 능력으로 이루게 하시고(살후1:11)

1) 경우에 합당한 말로 하는 자(잠25:11)

2) 자기를 깨끗하게 하는 자(딤전2:21)

3) 예절에 합당한 자(롬16:2)

4) 회개에 합당한 열매를 맺는 자(마3:8)

5) 복음의 생활에 합당한 자(빌1:27)

6) 주님 쓰시기에 합당한 자(히6:7)

7) 여호와의 이름에 영광을 드리는 자(시96:8)

◆ 십자가를 지고 가는 일에(마10:11) 혼인 잔치에(마22:8), 밭에 쟁기질 하는 일에(눅9:62) 합당한 자가 되자.

항상

1) 항상 기뻐하라(살전5:16, 빌4:4, 고후6:10, 전11:8)
2) 항상 감사하라(고전1:4, 고후2:14, 몬1:4, 살후1:3, 살전1:2)
3) 항상 기도하고 찬송하라(시72:15) 성령 안에서 깨어서 성도들을 위하여(엡6:18), 애써서(골4:2), 원하는 대로(요15:7),
    = 여호와의 능력을 그의 얼굴을 구하라(시105:4)
4) 항상 주의 일에 더욱 힘쓰는 자들이 되라(고전15:58)
    = 섬기라(단6:10,20, 출23:25)
5) 항상 은혜 가운데 있으라, 항상 말을 은혜 가운데 골고루 하라(골4:6, 시40:16)
    = 존귀한 일을 계획하라(사32:8)
6) 항상 여호와를 경외하라
    = 신5:29, 말할 때 마음을 품어 그들과 자손이 복을 받음
    = 신6:2, 규례를 지켜 항상 복을 누리는 자
    = 수4:24, 여호와 손이 강하심을 아는 자
    = 왕상8:40, 주신 땅으로 사는 날 동안
7) 항상 넘쳐라 모든 일에 모든 것이 넉넉하여(고후9:8)
    = 성도들을 위하여 모든 착한 일을 넘치게 하라(엡6:18)

◆ 날마다 항상 여호와를 내 앞에 모심이여(시16:8-1)
    항상 하나님께 감사하는 선교(살후1:3-12)

♠ 항상 하나님께 감사할지니 이것이 당연함은(살후1:3)

1) 믿음이 더욱 자라나는 기회가 됩니다(3)

2) 다 각기 서로 사랑함이 풍성하게 되는 축복입니다(3)

3) 잘 견디며 믿음으로 나아가는 인내의 열매를 맺게 하십니다(4)

4) 하나님 나라에 합당한 자로 세워져 가는 은총을 받게 됩니다(5)

5) 모든 환난을 안식으로 갚으시는 깊은 은혜를 깨닫게 하여 주십니다(6-7)

6) 능력의 천사들과 함께 불꽃 사역을 하게 하십니다(7)

7) 모든 선을 기뻐하시고 믿음의 역사를 능력으로 증거 되게 하셔서 영광을 받으십니다(11-12)

5대사역

- 불꽃사역
- 말씀권능사역
- 성경기름부음사역
- 치유사역
- 축복사역